# 無懼的19歲

## 跨越18,300公里追逐夢想

夢想，無懼，逐夢才會踏實，去做才能擁有！

〔推薦序 1〕

# 陽光女孩

　　十一年前，上海台商子女學校創辦人張培方先生，有感在大陸工作的台商，礙於孩子的教育問題而隻身在大陸打拼的無奈，邀集我與其他董事們在上海辦學，希望為國家培育出「心繫台灣、立足上海、胸懷世界的優秀國際公民」。目前學校已有 6 屆高中畢業生，在兩岸三地知名大學就讀。當時創校的願景，現在已經開花結果，無論在大學就讀或是進入職場工作的同學，均頻頻傳出振奮人心的優異表現，Sunny 不僅是其中之一，也是學校最佳代言人。

　　對 Sunny 印象最深刻的是她愛笑、與人親近有禮貌的模樣，對周邊的事物充滿了好奇心及學習的熱忱；在本校就讀期間，她除了學習態度佳，課外活動的表現更是多采多姿，高中時期參加了德瑞克社團，在帶領團隊時就嶄露了頭角，是一個有想法、勇於行動的好女孩。

　　父母親對 Sunny 三姊妹的栽培更是用心，多元學習，給

予很多不同的生活體驗，記得他們全家在一個暑假，還到日本鄉村租借民宅，實地生活，完全融入當地風土民情，在地體驗，令人印象深刻。

　　從她的書中，欣慰地發現上海台商子女學校的校訓：「啟明、開創、奉獻」在此做了最好的體現。啟明——她活用智慧，高中畢業前就以優異的英文能力考取國際教師證照，並且選擇到西班牙語系國家的祕魯擔任志工，為貧民窟的孩子們教授英文。開創——她獨立自主，離開優渥的舒適圈，不因資源貧乏的生活條件而卻步，為當地孩子服務。這背後讓她勇往直前的主因，就是在求學生涯中，家人與老師給予愛的教育，在面對未知時，總是樂觀又熱情。最令我動容的是無私的奉獻——面對中南美不熟悉的風土人情、動盪不安的國際情勢，Sunny 仍義無反顧地前往，堅守不畏辛勞的使命，只為了讓貧困的孩子習得國際語言能力，讓他們的未來能有

更多的可能性。這樣的大愛情懷和付出，絕不是一般人所願意去承受的。

　　這是一本小女孩到陌生國度當志工的珍貴紀錄，字裡行間充滿愛與感恩。五年前，我接任上海台校董事長，期勉學生成為「知書達禮、五育並重、懂得感恩惜福及人文關懷的謙謙君子與大家閨秀」。很感動 Sunny 的信念實踐了我的辦學理念，教育工作最大的成就，莫過於看到這些小小的種子長大後，不僅能貢獻自己的所能，還能把自己的愛傳播無遠弗屆。

　　藉此機會，我鼓勵年輕朋友，以 Sunny 為榜樣，年輕不要留白，現在就要蓄積自己的能量，做好展翅高飛的準備，人生有夢最美，逐夢踏實。從付出中找到自己最珍貴的力量，親手做服務，把愛傳出去……。

上海台商子女學校董事長、政愛扶輪社創社社長　楊奕蘭

〔推薦序 2〕
# 實踐的青春

　　19 歲，該是什麼樣的年紀？該有什麼樣的生活態度？是以一種任性的姿態闖世界？還是這個年紀想做的事太多，只以一雙好奇的眼睛看世界？

　　「想做的事實在太多了，若只是想，不去行動，又怎麼會成真呢？」Sunny 踏出勇敢的步伐探索世界，為 19 歲人生美好的年紀刻劃生命圖騰，豐富了生命。Sunny 以樂觀的心情，在旅行過程，不斷的審視自己，學習與自己獨處，以獨立的精神，幫助旅行所遇到的孩子。學會服務奉獻，回顧、品味著成長的喜悅。

　　人生要做到「不悔」，就要以有限的時間、金錢、青春，去看人生無限的風景。與其羨慕著別人的自由、幸福與快樂，還不如用「腳步」實踐自己的夢想，用於嘗試不同於生活軌跡的事物、接觸不同世界的人，了解世界的廣大。這一代的孩子是幸福的，只要離開「舒適圈」，必有能力改變自己。

「所有的事，都是安排好的，沒有意外」，如書中所說，當踏出第一步後，旅途過程有著不同的驚喜，而 Sunny 所遇到的——孩子信任、志工夥伴的磨合等問題，都是美好體驗。學校教的知識、代表資格的證書，若無實地印證與應用，僅限於紙上談兵。所有的挫敗、困惑與掙扎，都是裝備將來闖蕩的力量，都是「甜美」，我們要勇敢去嚐。

19 歲的 Sunny 懷著感恩的心，將旅行的遭遇、感動書寫付梓，啟發同樣年紀或即將踏上旅途的孩子，相信自己，勇敢踏出步伐，品嘗人生旅途的苦樂。

祝福 Sunny，永遠懷抱著好奇的目光、寬容的胸懷、踏出的步伐實踐夢想。

華東康橋國際學校校長 莊勝利

〔推薦序 3〕
# 當孩子長大的同時，
# 我們也在長大

　　從小就不斷有人在我面前提起「我的志願」這檔子事兒，而我的回答也隨著年齡不斷的增長，志願變得愈來愈小，隨著肩膀上的責任變重，而愈來愈向現實低頭，但是每當回想那些年的那些志願時，卻從來都不後悔自己曾經那麼傻過，怎麼能夠憑空想出那些遙不可及的志願？畢竟人不狂妄枉少年！

　　非常羨慕 Sunny 在這個年紀就能有這樣的機會，首先她具備了很好的基本能力，無論是多種語言、無論是教學經驗、無論是單獨旅行，在成長的過程中，她慢慢地累積了這些本錢，才能在有朝一日需要的時候拿得出來！

　　再者，她生長在很好的環境，父母潛移默化的家庭教育、師長豐富知識的學校教育、姊妹同儕間相互扶持的愛的教育，透過這麼多的養分灌溉，才能讓一個成長中的幼苗逐漸茁壯，等到站在人前的時候，散發出來的那種氣質是裝不出來的！

　　最後，她永遠能夠在關鍵的時候做出正確的選擇！選擇學習語言的時候，選對了英語和西語；學習技藝的時候，選擇了語言教學的項目；選擇志工的時候，挑到了祕魯這個地方；

就連她吃不吃蟲、跳不跳河……，她都選對了，因此成就了這次的難忘經驗。

現在的社會總是抱怨孩子是個媽寶——「在家靠父母，出外靠朋友的父母」！離開了父母，就什麼都不是了，這究竟是孩子的問題？還是家長的問題？當我自己的孩子第一次要離開大人去遠遊的時候，在我答應之前，著實掙扎、糾結、長考、猶豫……真的不誇張，當時心中的翻攪（絕對不只這些字足以形容）了好一陣子！事情並非只到回答就結束了，當我回答「好」的之後，我的一顆心就開始懸在嗓子裡，隨時都可能會跳出來，默默在一旁觀察他們事前的準備工作；只能觀察，不能插手，否則就會中斷孩子的組織能力！

到了出門時，還得要旁敲側擊地打探他們的細節是不是都考慮周到了，就算有不甚完美的地方，也只能默默設想未來的補救措施了。一旦出了門，那個縮在嗓子眼的心，彷彿又升高了一吋，隨時想要得到他們的回報，希望當時人就在身邊，甚至還自己嚇自己，看看護照是否還有效？手機是否通訊正常？把自己想像成「地表最強老爸」——連恩‧尼遜

（Liam Neeson），隨時機動待命，準備出動支援，這種食不安、寢不眠的狀態，要一直持續到孩子再度出現在桃園機場的入境大廳……，這才鬆了一口氣！

回頭想想，是家長旅行？還是孩子旅行？當我們希望他們獨立長大的同時，我們也要忍住放手，否則大家黏在一起，誰也長不大。透過 Sunny 的書，奉勸所有的年輕人，有夢就要去追，更要奉勸所有的家長，當孩子們在長大的同時，我們也在跟著一起長大！

祝福 Sunny 幸福長大，更預祝早日進行第二次計畫！

電視節目製作人　焦志方

〔推薦序 4〕
# 行萬里路，勝讀萬卷書

　　跟 Sunny 的家庭認識大約在 2003 年。高校長（我們都是這麼稱呼他）的補習班和我在上海的辦公室同在一棟大樓，因為我是台灣來的藝人，高校長也很熱心跟我們打招呼，老鄉見老鄉，格外親切，也在很多方面互相照顧、交換情報。這個緣分讓我的小孩在教育這條路上和他的孩子走了同樣的路，甚至於我的住處都跟著高校長搬來搬去！

　　我的女兒 Jenny 和 Sunny 是國際學校的中學同學，後來又是台商學校的同班同學，同樣有著兩校的經歷，同樣也在上海考台灣的大學，都是以英文見長，還一起學了日文，最後畢業時，還一起考上了淡江大學，只是科系不同。

　　寫到這裡，各位就知道，我跟 Sunny 也是老朋友了吧！（裝嫩一下！）

　　Sunny 從小給我的感覺就跟她的名字一樣，很陽光，看到我總是笑容滿面！（還是因為我長得好笑？）身為家裡的大

姊，她也幫忙碌的父母肩負起照顧妹妹的責任！（本來一個，後來兩個！）這應該也養成她獨立的個性。大學選了西班牙語系，滿適合喜歡語言的她，本來以為暑假她會做家教打工賺錢，當高校長跟我說，她要去祕魯做志工，我著實嚇了一跳！不是覺得她去做志工很奇怪，而是覺得高校長夫婦竟然會同意女兒去一個只在地圖上看到的國家！若是我女兒，我真的不會讓她去啊！

後來真的成行！也在這期間陸陸續續知道她在祕魯的經歷，除了覺得好奇，更佩服她的勇氣！

行萬里路，勝讀萬卷書！一個 19 歲的女生，竟然可以去實踐！這本書裡代表的不止是一個女學生的勇氣，背後父母的支持和放手，也是我們可以一起來學習的！加油！Sunny！期待妳下一次的冒險！

全能藝人、表演藝術家　劉爾金

〔推薦序 5〕
# 轉角，遇見青春的你

認識 Sunny 的時候，我在上海廣播電視台做親子教育節目的主播，她剛上高一，在我代課的大眾傳播社團中，她不是那種特別愛說話的女生，第一堂簡單的自我介紹並沒有讓我印象深刻。幾堂課下來，我發現每次現場採訪的練習，她總是很快地找到採訪的重點，即使是被我叫起來第一個發言，也看不出絲毫緊張，落落大方的表述中，很有內涵，也很有自信，我對她不禁刮目相看，這個外表看起來溫柔的女生，內心充滿了青春的活力；我相信，只要給她舞台，就會擁有不一樣的天空。

去年暑假，聽說她去南美洲當志工，在當地生活了 57 天，我還是有點小驚訝的，一直關注她媽媽每天記錄的朋友圈，看見了她的成長變化，我想她已經找到了屬於自己的青春印鑑。

我們每個人都有自己的青春時光，在生命中也許只是短暫的十幾年。在青春來臨的時候，可能你會迷茫，充滿不安，

可能你會勇敢，努力證明。或許很多人早已經忘了自己年少時的夢想。我翻看著 Sunny 的祕魯日記，她的 19 歲是那麼地與眾不同，閃耀著青春的靚麗色彩。在她的文章中，自由自在的心靈像向日葵一樣嚮往著陽光，收穫著快樂。這是現在很多孩子都欠缺的。

為什麼許多孩子的青春夢想離他們漸行漸遠呢？你也許不願意承認，這和家長的過度保護有關係。誰不愛自己的孩子呢？在這個沉重的「愛」的主題下，我們總是想當然的幫他們做主，為他們安排好一切，卻忽視了孩子的真正需求。這些孩子在被稱為「人不輕狂枉少年」的青春歲月裡，不知道還有機會可以做些什麼為自己的青春發聲？就像蝴蝶破繭時被人折傷翅膀，註定他們的青春顯得那麼蒼白。

而 Sunny 來自一個懂得尊重孩子個性發展的家庭。高先生和高太太一直堅持開放民主的家庭育方式，知道適時放手。

Sunny 國中的時候參加海外夏令營，一個月的時間裡要學會獨立，微笑面對困難，有勇氣承擔責任，其實這是父母給孩子最好的禮物。當孩子要揚帆遠航，經歷風浪是無法避免的，而家庭就是避風的港灣。人生有許多暗夜，只能自己去面對，孩子的一生，父母終究無法替代與承擔。請不要讓孩子老了，像我們一樣，總是感歎青春不在，歲月蹉跎，有著這樣或那樣的遺憾。

這本書中有很多故事讓我感動流淚，我知道，那是我的青春夢想悄悄地回來過，Sunny 的善良、勇敢、自信、開朗，就像天空中的星星，照亮了青春的夜晚。

謝謝 Sunny，轉角，遇見了青春的你，也遇見了青春的我。

上海廣播電視台名優主持人　昕明

〔推薦序6〕
# 世界更大，路更廣

　　這世界有多大，每個人的定義皆不同……。

　　3年前，第一次來台灣的上海友人問我：「你們真的有這麼多人去遊學嗎？我來了一天，不解你們為何需要學英文？」

　　這個從上海來的友人看到台北，可能覺得類似他們的三級城市，也感覺台灣的「老外」很少……，當時讓我不禁擔心──我們是否太安逸？或是快要與世界脫軌？

　　生長在台灣的小島內，若沒有出國 Long Stay 的經驗，還真的很多人不知道世界長得怎樣？這世界，可能跟我們想像不一樣。記得小時候，我跟阿嬤說：「我要出國。」她的認知是──出國等於去美國，出國就一定要講英文，看到白人就認為是美國人。

　　經過了 20 年，最近台灣的國際旅遊有年輕化的趨勢，除了有一些廉價航空公司紛紛搶攻台灣市場外，加上很多歐美國家開放的打工度假，讓年輕人趨之若鶩，利用平時工作賺

錢旅費去看看這個世界，這樣的趨勢，也讓出國留學、遊學的門檻變容易了。

本人從事留遊學教育業多年，從早年的出國留學需要 2 ～ 4 年取得學位，到近年來的打工度假或遊學，體驗當地生活跟語言充電只要 3 個月、半年等，都反映了現代年輕人願意走出去探索世界……。

去年得知 Sunny 獨自前往祕魯，總覺得，這是要一定勇氣跟有家人支持才能完成的，因為在 19 歲的年紀，又去了一個台灣人不熟悉的國度，的確令人注目，也很恭喜她，因為她未來的路，一定會比同儕更廣。

老生常談的一句話：「讀萬卷書，行萬里路」，而這句話也是我真正踏出去國外生活後才感受到的。

自己是在 20 歲時，出國遊學、留學，第一次到了加拿大，才了解到原來台灣這麼小，在第一個禮拜上課時，每個同學要在地圖上找自己的國家，在使用「英文」版的地圖。我還

差一點找不到台灣這個小島！而我不得不使用另一種不熟悉的語言來說話，深刻體會原來英文是拿來用的，「不是拿來考試」的！

後來自己又分別在美國跟英國的求學期間，更體驗了不同的國家文化，這樣的歷練，也讓我之後的工作場合與各國學校代表容易融合，且更有說服力去提倡這句話──「讀萬卷書，行萬里路」。這雖然是一句教育古訓，但在這現代教育意義上，就相當於遊學、留學，這是一種國際性跨文化體驗式教育模式。它可以促進我們不同文化的交流，開闊視野，提升了語言能力，尤其對培養學生的獨立人格有深遠影響，甚至現在所謂的上班族充電都有不同的意義。

就像是 Sunny 在探訪這麼多不同文化，例如：美國、加拿大、中南美洲，甚至菲律賓等，才有辦法更深切的認知自己的民族跟生活觀察，也在眼界開闊後，更容易拓展人際關係，因為能聊的話題不再侷限。像這樣的年經人，透過在國

外的獨立生活，也一定是有獨立的人格，容易建立信心。

　　所以，我一直提倡在國外的 Long Stay，或是遊學、留學最大的價值就是視野的擴大和視角的增加，你會發現，你看待這世界的態度會有所不同，甚至思考方式跟某些事情的認知的能力，都會因此提升。

　　就算在遊學、留學期間學無所獲，在這過程中必定有些奇遇，這些體驗，也是一種人生的無形財富。

　　近年來，出國的人數持續增長，海外留學、遊學甚至成為一種國際潮流，這樣的趨勢，感性地告訴我，能走出去看看這世界是多麼美好！讓自己有更多的體驗，甚至理性的數據顯示，擁有這些國際化的背景，將使他們在未來職場更容易、路更廣。

　　祝福 Sunny ！

自助家遊學網 StudyDIY Co. 執行長 CEO

温志強 Chase Wen

〔推薦序 7〕
# 放手，是最好的祝福

看著 19 歲的 Sunny 出書，著實令人感嘆：時代真的不一樣了！

就讀國際學校的 19 歲孩子，我們幾乎很快就能描繪出他們大致的樣貌——嬌氣縱橫、自我中心、缺乏同理心……等等，綜合以上種種特質，我們看到的大概就是個小霸王；但是，閱讀了 Sunny 的書稿，不但扭轉了我的刻板印象，還讓我眼睛為之一亮！

她早早就清楚知道自己想要什麼，18 歲取得英語教學的資格、19 歲初次單飛竟然選擇一個大部分亞洲人都覺得陌生的國度——祕魯，因為她眼裡看到了當地的需要，這是何等地難能可貴啊！

新世代的孩子們享有人類文明最豐沛的資源，不論家庭的經濟條件如何？他們所能接觸到的面向以及訊息，都大大超越前幾個世代的人們。父母除了在先天上所能給孩子的基

因和生理條件，這輩子對他們最深遠的影響便是教養。

　　但是，教養孩子終究還是得回歸初衷，就是父母的態度。Sunny 很幸運有一對開明的父母，知道盡可能地提供孩子選項，同時不給孩子太多限制，讓他們早早學會獨立——不論是生活、學習抑或是思考，他們越早摸索，就能越早熟悉，保護嚴密或者嬌寵太過，其實都是阻礙跟傷害。

　　閱讀書稿，我們跟著 Sunny 上山下海、穿越沙漠、越過綠洲、跳進亞馬遜河，還跟著品嚐了鱷魚、天竺鼠和蟲蛹，同時還運用自己的專長，在當地進行為期 1 個月的英語教學志工行程，這趟 18,300 公里的冒險，跨出了很多人終其一生都不敢踏出的第一步，因為她知道——「想做的事情太多了！」、「不多嘗試，就可惜了飛這麼遠」。

　　而支持她這麼勇於挑戰自我的，就是父母在後面的輕聲叮嚀「結果不好沒關係，努力過就好了」！

　　這樣的父母，培養出孩子勇於嘗試不怕失敗的堅韌性格，對於孩子未來面對任何挑戰時，都會變得積極而無所畏懼，我認為這可是比任何「競爭力」的條件要來得更加重要。

　　Sunny 在物質不虞匱乏的環境中長大，難能可貴的並沒有恃寵而驕，反而願意敞開胸懷，擁抱世界，再積極培養自己能力的同時，還能懂得分享回饋，這就是我在孩子身上看到父母給予她這輩子最棒的禮物。

　　尊重包容，更重要的是懂得放手，給他們時間和空間去嘗試，生命自會找到出口。

　　身為父母的朋友都能放手了，我當然要精神支持，同時給予 Sunny 滿滿的祝福。

上海東南旅行社總經理　林玉珍

〔推薦序 8〕
# 因為有夢，所以勇敢出發

認識 Sunny 那年，她剛上小學一年級，記憶中的 Sunny 不是位 Pink Girl，也不迷戀芭比娃娃，個頭比一般小朋友嬌小，總是安安靜靜地跟在媽媽身邊，聽著大人們彼此的交流，同時也沒忘記幫忙照顧妹妹。童年時期的行為舉止獨立、有想法、有責任心，以及溫暖的性格，早已露出端倪。

19 歲的夏天，她選擇一個人到南美洲的祕魯當國際志工，經歷 80 小時、18,300 公里的轉機飛行，終於抵達。到達時，才在微信朋友圈發消息，我看到後，心臟震撼了一下，立刻請在利馬的好友與 Sunny 聯繫，希望能就近照顧她；但獨立的 Sunny，很清楚此行的任務是擔任貧民區的志工老師，搭 2 個小時的車子到富人區找阿姨是沒有特別的必要；因此，在 57 天的旅程中，她並沒有用到我所引薦的資源尋求幫助，因為，這段期間所有遇到的問題她全部自己克服了。這種特別獨立性格的養成，與他父母的教育態度有很大的關係。

不得不說說我的好朋友 Mocoto —— Sunny 的媽媽，她有3個女兒，不同於在上海一些台灣媽媽「富養」女兒的態度，他們夫妻經常帶著這群女孩們上山下海，騎腳踏車遊上海，各個都是水中蛟龍，她們自行規劃行程，在一個地方體驗生活 Long Stay，我知道這些經歷的累積才是可貴的，在孩子成長的階段，父母放手讓孩子嘗試、學習，甚至跌倒，保護但不溺愛的態度，成就了今天的 Sunny。

阿姨們都暱稱 Sunny 為「太陽姐姐」，她真的就像太陽一樣，把台灣的太陽帶到南美洲去，以一個助人者的國際志工角色，為台灣做了一次最棒的「國民外交」，那些在路上結交的朋友，和那些發生的小故事，有感動、有趣味，我相信 Sunny 這一路走來，一定是一邊行走、一邊感恩。這一路的故事真的值得細細閱讀品味。

在行走的路上遇見未知的自己，愈發知道自己內心想要

的，可以聽見自己內心真正的聲音。然而，Sunny 這一切的出發都是源於愛。因為有夢，所以勇敢出發，Sunny 之所以遠行是因為擔任國際志工，在付出的過程中，她得到的是整整的一個世界。

我相信，寫下 19 歲一個人的，57 天離家、18,300 公里的冒險的故事，對 Sunny 而言不是結束，而是另一個階段的開始；她的故事付梓之後，我彷彿又看到那個嬌小的身影，淡定且安靜地聽著讀者之間對故事的交流，而她的這一篇章已翻過，正往人生下一篇章的路上行……。謹以此文祝福 Sunny。

上海徐家匯愛加倍關愛服務中心創辦人 孫震家

# 看著你完成我們年輕不敢做的事，也是一種幸福！

　　一帖一帖的微信上，滿是對 Sunny 的驕傲與欣慰。「站上講台那天，看著她回傳的照片，是一張自己出的考卷，過去那個總是得挨在身邊的孩子，現在獨當一面了。」Sunny 媽媽如是說著。

　　長期生活在上海的高先生與 Sunny 媽媽過去從事補教業，大約 20 年前被公司派駐大陸，因此 Sunny 大約兩歲，便離開台灣，就讀當地的國小、國中及高中。

　　Sunny 媽媽接觸過許多外派到大陸的台灣家長，他們普遍對於國外的認知，很表面，都只是透過書本了解，並不是自己真的去過，但她認為對於一個文化或者城市的了解要真的實際去過，才能知道當地人的想法跟態度。

　　受到上海人氛圍的影響，這裡的家長大多數人是「富養」孩子，家裡聘請阿姨，協助打掃家務、清理、做菜……等等生活瑣事，孩子們從小就學著使喚阿姨，把自己當作公主、王子，不自己揹書包，認為揹書包的責任是阿姨的，從小便養成了嬌生慣養的個性，不禮貌、不親切，也不親人，但

Sunny 媽媽與爸爸，並沒有這麼做。

　　他們養育 3 個女兒，Sunny 是老大，從小便培養他們閱讀的習慣，當其他同齡的孩子們都吵著買玩具、沒有耐心的時候，他們的孩子便懂得靜靜坐在一旁，不吵鬧、不干擾大人，乖巧地做著自己的事；Sunny 媽媽說自己從沒有認為孩子們是公主，認為培養獨立自主是很重要的事情。

　　以旅行來說，高先生總是會挑選最便宜的機票、旅社，一家 5 口加上阿嬤，睡在狹小的空間，甚至是橫著躺都沒有關係；今年初，一家人還到日本的鄉下生活整整 1 個月，最近的便利商店需要走 40 分鐘，交通工具只有公車，而且還得提前打電話預約，這樣的教育方式，都是希望孩子們能夠實際去體驗各地的生活，由內培養她們的世界觀，甚至是探索的能力。

　　除此之外，有別於大多數亞洲家庭孩子們對於家長的不信任、不願意分享心事，甚至時常處在叛逆期的狀態，Sunny 媽媽總是能跟孩子們侃侃而談，能坐在一起談論雙方各自對

事情的想法，女兒也能夠分享自我的心事，認為找爸媽討論都會獲得相對的結果，是一場有意義的對談，這樣的相處模式對於現代的家庭來說，是相當難得的。

記得我和 Sunny 一家人第一次見面，是約在永康街的茶館，Sunny 爸爸與媽媽帶著 3 個女兒出現，加上我這個第一次見面的人，大夥一起談論著 Sunny 南美洲的旅程，這個情況讓身邊的友人聽聞都很好奇，而 3 個孩子們都對這樣的方式很自然，後來才明白，因為家人相聚的時間不多，因此他們非常珍惜每一刻，也很樂意分享自己。

有次 Sunny 媽媽與 Sunny 坐在同張桌子前，一左一右在我身邊，每當我提問，總是能見到雙方對視而笑，談著這趟南美洲驚奇的過程，提起身邊朋友覺得很驚訝，讓孩子自己一人飛到南美洲時的心情，Sunny 媽媽欣慰地說著：「因為我相信她……。」雖然過程中幾度有點擔心，畢竟這是這麼多年來，Sunny 第一次自己一個人到南美洲旅行。

就像到亞馬遜完全沒網際網路時，在地球另一端作為父

母的沒有消息，非常焦慮，但過了兩天，打開卻是一張張Sunny 跳進亞馬遜河中的游泳照，和志工朋友一起笑得很燦爛，這才理解了──女兒真的長大了！而當下，Sunny 也用她一貫的靦腆，微笑說著：「已經提早說過沒有網路了嘛！」

　　Sunny 媽媽形容，在上海有八成左右的家長，不敢放手讓孩子獨立去闖蕩，認為孩子們處在陌生處很危險，因為在上海唸書的孩子，大多有專車接送，放學後就直接回家，生活圈也因此相對單純，接觸的環境只有家裡跟學校，台灣的家長們也很習慣這樣，因此，脫離了點對點之外的生活，會很不放心，就連自己坐地鐵也會很不放心。

　　因此，大家一聽到 Sunny 要自己去祕魯時，都相當驚訝，Sunny 媽媽的好友孫小姐便是如此，她表示，當時她認為自己一個人到南美洲很危險，因此聯絡了當地的朋友，想要就近照顧 Sunny，所有的聯絡方式都給了 Sunny，對方甚至能派人過去接她、請她吃飯；但 Suuny 都一一婉拒，認為自己是當志工的，如果真的遇到不能夠自己處理的事情，再請求幫忙

就可以，這對一個 19 歲的孩子是多麼不容易啊！

　　而這樣獨立自主的個性，或甚至相較於同年齡孩子們較為成熟的待人處事，都起源自家庭的教養，Sunny 也認為自己是很獨立的孩子，她形容說：「剛上大學時，也是我一個人從上海回到台灣的時候，身邊的同學，幾乎都是第一次離開家，但是那所謂的家，有的時候只是新竹到台北的距離，坐高鐵只需要花上 40 分鐘左右，要跟家人見面，還是很容易的，因此在她看起來，同學們的煩惱其實很渺小。」

　　「因為，看著你完成我們年輕不敢做的事，也是一種幸福」！Sunny 媽媽的微信上，滿滿是與孩子的生活點滴，Sunny 在祕魯的期間，她也透過發文來記錄自己的心情和孩子的成長，從中可以看得出來有滿滿的放心、驕傲與欣慰，有這樣難得的親情，非常動人。

文字工作者　楊雅琳

〔作者序〕
# 夢想，去做才能擁有！

　　木頭拼成的七坪空間，上滿繽紛色彩，簡陋的桌椅是他們認知世界的天地，掛在牆上的黑板，是我帶他們一步步認知英語的地方，多背一個單字、多學一句話，競爭力就多增加一些。

　　我是 Sunny，今年 19 歲，我想好好的利用暑假，所以，在 2016 年，我一個人拖著行李，獨自從台灣前往祕魯，加入國際志工團體，歷經 3 次轉機、4 個城市、跨越 18,300 公里，追逐自我，這裡和你、我想像的，大有不同。

　　貧富差距大，用一條街區別出貧民窟和富人區，一般平民窟家裡沒有水，不是家家戶戶有電；只能利用陽光充足的早晨，上課、學習，教室裡他們透過我來學英文，我則透過他們認識不一樣的祕魯。

　　「不多嘗試，就可惜了飛這麼遠」，聽到我吃了鱷魚、天竺鼠、蟲蛹，這些平常在台灣不會接觸的食物，好多人都

很難想像，告訴我，我好勇敢，但很多事情不去做，就會錯過了，況且又怎麼能知道，何時還會再來？只能把握當下。

　　這是我一部分的人生故事，希望能給想要到國外拓展視野的你一點勇氣，不論是你想去留學、交換或者加入國際志工，都希望這本書，能帶給你更多方向找到自我。

　　夢想，去做了，才能擁有！

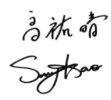

# CONTENTS
## 目錄

想做的事太多了！
但，如果只是想，不去行動，又怎麼會成真？

無懼！
只要勇敢踏出一步，世界就會有所不同！

## Part 4

# 尾聲

跨越 18,300 公里，旅程的結束，
有滿滿的回憶，更有滿滿的感謝……。

# 前言

　　我是 SUNNY，出生於 1997 年，目前就讀淡江大學西文系二年級。2 歲時，因為從事補教業的父母被外派到上海工作，因此前往大陸定居；隨著父母在大陸發展事業，我自小只有寒、暑假能回台，就這樣持續了 15 年；我決定一個人回到台灣，這個我永遠的家鄉來定居，因此在這裡上了大學；隔年，媽媽也放棄自己的事業，帶著兩個妹妹回來，爸爸則在台灣及大陸兩地奔走。

　　由於曾就讀國際小學，在全英文的環境中，培養了英語的能力，過去更曾在 2007 年及 2010 年參加紐西蘭及加拿大國際遊學營隊；2015 年，滿 18 歲那年，我前往多倫多取得 TESOL 國際英語教學認證，具備教授英語的實力。

　　我是一個很幸福、也很幸運的小孩，爸媽的教育方式很開明、樂於分享，常常帶著我們到戶外，看山、看海，親自體驗人生；很多事情，他們認為「結果不好沒關係，努力過就好了」！

　　在這樣不受限的家庭環境下，我完成了許多想做的事情；祕魯是我第一次自己計畫行程旅行的國家，我相信接下來，還會有更多、更多的旅程，等著我去完成。

## 2016 年　　祕魯旅程　Peru Schedule

| | |
|---|---|
| 6 月初 | 報名　IVHQ |
| 7 月 11 日 | 出發　台北－上海 |
| 7 月 12 日 | 轉機　上海－洛杉磯－巴拿馬 |
| 7 月 13 日 | 抵達　祕魯利馬（Lima） |
| 7 月 15 日 | 前往公立學校教書 |
| 7 月 19 日 | 前往私立學校教書 |
| 7 月 25 日 | 參加利馬 Food Tour |
| 7 月 30 日 | 探訪　ICA 沙漠、Hucachina 綠洲 |
| 8 月 15 日 | 亞馬遜森林（3 天 2 夜 Tour） |
| 8 月 19 日 | 教學志工服務結束 |
| 8 月 20 日 | 萬卡（Huancayo，約 4 天 3 夜） |
| 8 月 24 日 | 庫斯科（Cusco） |
| 8 月 25 日 | 彩虹山（Ausangate） |
| 8 月 26 日 | 馬丘比丘（Machu Picchu） |
| 8 月 28 日 | 普諾（Puno）、的的喀喀湖（Lake Titicaca） |
| 8 月 31 日 | 轉機　飛往洛杉磯 |
| 9 月 6 日 | 返抵　台北 |

# Part 1
# 出發

想做的事太多了！
但，如果只是想，
不去行動，
又怎麼會成真？

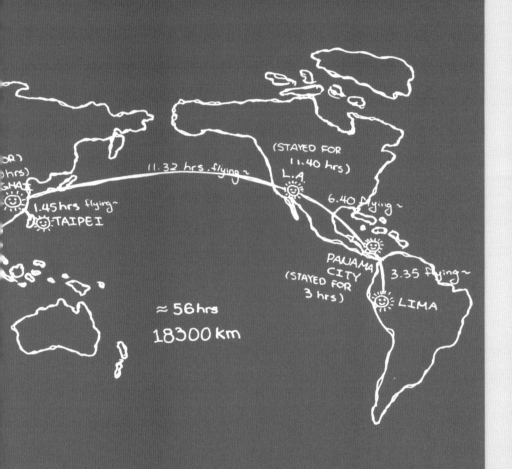

　　從懂事以來，每一個暑假或長假，我都不想浪費，怕就這樣虛度了時間、失去了學習的機會；能夠做的事，我會盡力完成，也會主動爭取自己想要的事物，這就是我，Sunny——自許是一個樂觀、積極又主動的女孩。

　　記得高中時，跟同學聊到「有機會的話，會想做什麼」？那時的我們都說想出國當志工、為小朋友服務，更能趁機拓展視野，見見不一樣的世界，雖然當時只是隨口提到，但是當國際志工的念頭，在我心裡從來沒有消散。

　　升上大學以後，我離開了居住 15 年的上海，獨自帶著行李，飛回台北，過著和家人及朋友們分隔兩地的生活，雖然孤獨，但我認為，台灣始終都是我的家。

　　在即將升上大二的暑假，我飛越 18,300 公里，從台灣到祕魯，教當地貧民窟的人們學習英文，讓他們能夠提升競爭力，在職場上，更有優勢，並透過英文課，能夠提早接觸外語。

　　這短短的 57 天，我曾跳進亞馬遜河，洗去身上沾滿的黑泥，獲得了一身勇敢；也曾爬上海拔 2,430 公尺的山脊，俯瞰蜿蜒的烏魯班巴河谷，親眼見到神祕的馬丘比丘，摸著先人智慧所流傳下來的精密古牆——這是我 19 歲的暑假，我不再

只是想，而是去行動、實踐、完成夢想。

## 所有經歷的開始，都是有跡可尋的

時間回到高二那年，記得當時的課堂作業，歷史老師指定我們要完成一份「中美洲三大古文明」的報告，那是一個分組作業，我跟兩位同學很認真地蒐集資料，詳細的介紹馬雅文化、阿茲提克帝國及印加帝國。

▲一份歷史報告，開啟了我與祕魯的機緣。

因為不想以普通的電腦簡報來報告，因此我們先以個人的外觀製作了人像黏土，還繪製漫畫說明，將整個古文明的故事，拍攝、剪輯成輕鬆又幽默的影片，並配音講故事，把所有精華都濃縮在 20 分鐘內；那時我就對「祕魯」這個國家特別有印象，這大概是我和祕魯緣分的開始吧！

「印加帝國」是世界第三大古文明，前哥倫布時期美洲最大的帝國，發源地就是祕魯，奎楚亞語（Quechua）中，有「世界肚臍」之稱的庫斯科（Cusco）堪稱是全球最迷人的城市之一，過去是古印加帝國的首都。

那時，為了好好完成這份作業，我蒐集了許多資料和故事，這個有著許多傳奇的國家，深深吸住了我的目光，因為完全想像不出當地的生活，那裡是不是充滿著濃厚的印加文化？抑或是否還保有著各種歷史古蹟？便讓我打定人生一定要去過一次，而且一定得親眼看看那神祕的古都——馬丘比丘（Machu Picchu）。

在古印加語裡，「馬丘比丘」有著「古老山巔」的美譽，是祕魯南部古印加帝國的古城廢墟，更被稱為印加帝國的「失落之城」，是 2007 年被票選世界新七大奇蹟之一的古蹟。

　　當時的技術和設備並沒有現代這麼便利，可以用機器鑄造大小一致的石塊、搬運沉重的設備，但古印加人卻能夠在海拔 2,430 公尺的高山山脊上建造房子、廟宇，甚至是觀測氣象的建築，發展出完整的古文明城市，而且還擁有完整的水利系統，真的太不可思議！當時，我就決定，這一生，我一定要親眼看看這個美麗的古城。

　　2016 年暑假的前 1 個月，我一直在想要做些什麼事才能讓自己的人生更有意義，不要白白荒廢了暑假？有目標，也才有動力去做更多的事情。

　　當時我想著到國外當志工，也對傳播產業滿有興趣的，想去國外的公司實習看看，先累積些實務經驗，但不知道怎麼決定才是比較好的選擇？爸爸、媽媽對我沒有特別的要求，不論我想做什麼都可以，自己決定就負責到底，不要虛度光陰就好，他們都會給我最大的支持，更是想藉此培養我獨立自主的能力。

　　在搜尋相關資料時，我找到了 IVHQ 的國際志工訊息，這是一家成立於 2007 年的國際志工團隊，在全世界 30 多個國家服務，每一年都有超過上千個志工參與，在不同國家有

不同的服務計畫，包含醫療、環境保護、教學、NGO 組織服務等等。

▲機構分發的志工 T-shirt（正面）。　　　▲機構分發的志工 T-shirt（背面）。

　　IVHQ 機構的宗旨是任何一位旅行者在世界各地的旅行中，都有能力去做一些改變，讓整趟旅程賦予意義，不僅是對旅行者本人，更是對當地弱勢居民有所幫助的行動，相信透過高品質的志工服務，能夠讓雙方留下不同的回憶及滿滿的收穫。

　　IVHQ 的服務範圍跨越了 5 大洲、30 多個國家，正巧這些教學地點，包含了祕魯的利馬及庫斯科，一看到這個服務地點，讓我想起了自己一直想親眼看看印加文化的想法；仔

細看了簡介，發現祕魯的服務計畫分成四種，分別是——建築計畫、醫療計畫、照顧計畫和教學計畫，還需要具備西班牙文的能力，一切都非常剛好，我就讀西文系，也擁有英語教學證照，因此教學計畫吸住了我的目光。

教學計畫主要是到祕魯利馬位於郊區的貧民窟擔任英語教師，教授當地的小學生和社區內的大人們學習英文，讓我有機會與當地人接觸，不是走馬看花的旅遊，而是能更有深度的去了解祕魯這個國家。

除此之外，由於我就讀西班牙文系，更能透過這次的志工計畫，練習西班牙文口語，可以把文法運用在生活中，和考試的死背書不同，機會真的很難得。

在這樣的反覆考量下，我立刻報名了，沒有太多的猶豫、不想錯過任何機會，事後想想，擁有一股衝勁，也是完成夢想的關鍵吧！

## 人生，想太多，只會失去更多

報名之後，我興奮地告訴爸媽，暑假計畫前往南美洲擔

任為期 6 週的英語教學志工，並且利用剩下的時間到當地旅遊；聽到這樣的想法後，他們都非常支持，但也許心裡有些擔心，我一個人要自己到那麼遙遠的國家，不曉得安不安全？不過能夠找到有意義的事情去執行，他們也很替我開心。

這時候，距離出發，只剩下 1 個月，我訂好機票，安排行程。而為了節省機票錢，我來回安排了 8 段航班；先從台北飛到上海，過一晚，轉到洛杉磯，等待 10 個小時後，再飛去巴拿馬，最後抵達祕魯的利馬。

▲獨自飛往利馬的四段登機牌。

　　對於祕魯，我們都有太多的未知想像與猜測，總是聽說南美洲的治安不好，有許多壞人，甚至一般人就擁有槍枝，也有人會在路上搶劫，不少朋友和親戚都告訴我一定要小心，甚至一度想勸退我，可我真的、真的沒有想那麼多，都決定了，就一定會好好完成，也很期待；對於行程，除了夢想中的「馬丘比丘」一定要去之外，我就沒有太多的安排，想要到當地再決定其他的旅程。我是這麼想的──反正都已經決定要去了，想太多也沒有用，不如好好的享受吧！況且，這也是另外一種不同的學習方式啊！

## 出發，跨越 18,300 公里，朝未知而去

　　這是一段橫越 18,300 公里的旅程，2016 年 7 月 11 日，我出發前往祕魯，2016 年 9 月 6 日回到台灣，結束 57 天的奇幻旅程。

　　這段日子，除了參與 6 週的志工教學之外，我還到了伊卡沙漠、瓦卡奇納綠洲、庫斯科、亞馬遜、萬卡約、彩虹山、馬丘比丘和的的喀喀湖。從害怕開口說西班牙文，到後來能

被小夥伴 Nathalie 稱讚自己的口語很流利，給了我滿滿的勇氣，經過了一個人的旅途，我才知道，我比自己想的還勇敢。

在正式出發前，我試圖從網路上找到相關資料，讓自己先做好準備，於是我到書局買了兩本書，還認真整理起彩色鉛筆，把它們擺在用布綑成的筆袋裡，並且一攤開就能看見七彩的模樣，想要用彩繪的方式，記錄難得的一刻。

不過事實上，網路上能查到的資料還是有限，每一個部落格的介紹也大致差不多，比如說馬丘比丘、亞馬遜的遊記，或是的的喀喀湖和彩虹山的旅程介紹，但這些都還是不夠。

畢竟我要去的地方不是觀光區，是貧民窟的區域，能獲得的資訊還是比較片面，更不是單純的旅遊，而是去從事教學志工，不像到日本、韓國去旅遊，能事先查好地鐵路線、地圖；於是，除了絕對要去馬丘比丘的行程之外，我就沒有特別安排了，反正人生嘛，就是一場冒險！雖然想得坦然又豁達，可終究在這趟旅程還是有所緊張的時刻。

出發當天，我抱著平常心，就如同往常出國一般，但直到在洛杉磯機場，長途飛行後的我坐在報到櫃檯前的椅子上，抱著行李，半夢半醒，想睡又不敢睡著，心裡滿滿的不安忽

然湧上；這時，我才驚覺「我真的要去祕魯了」⋯⋯！我開
始反問自己：「為什麼要選一個這麼遠的地方？」看著人來
人往的機場，聽著混雜的西班牙文和英文，在 LA 我都快聽不
懂了，那到了祕魯怎麼辦？

▲出發前往祕魯，跨越 18,300 公里，朝著未知而去。

# Part 2
# 開始

充滿未知的旅程！
行動，讓旅程有了開始；
只要一直去行動，
就能夠得到自己想要的
結果！

## 綿延成山的小土丘，蓋滿彩色矮房，
## 那裡是他們的家

　　心情忐忑的飛了 20 多個小時，轉了 3 次機，我終於抵達了祕魯首都利馬！還記得，第一天早上 7 點半前往學校報到，公車開了很久、很久，我看著窗外的房子從油漆過、完整的外觀，慢慢變成半漆過、一半是磚塊的房子，再變成鐵皮屋。就這樣，我天天要搭上一個半小時左右的車，才能抵達學校。

　　我教書的地點位於祕魯的 Ventanilla 區，是在利馬省邊緣、靠近海邊的貧民窟，不過，那區的人並不是利馬當地人，是在 16 年前，來到那邊賺錢的人；他們的生活辛苦、買不起房，只能住在尚未開拓的地方（其實是土砂堆），因為只要在那裡住超過 6 年，就能永久定居；於是，當時吸引很多人來開墾，久而久之，這片貧民窟就形成了。

　　讓我很驚訝的是，從車子開進 Ventanilla 後，就開始看到一座接著一座的咖啡色小土砂堆，數量非常多，密密麻麻的，上頭遍佈五顏六色、用木板、磚塊和鐵皮蓋成的房屋，彼此靠得很近，外牆相當班駁，有的還只蓋到一半，那裡就是他

們的家。

我在當地常常看到不完整的房子，像那樣的建築物通常有兩層樓，但是最上面沒有屋頂，甚至會有磚塊和外露的材料，如同廢墟一般，但是居民們會住在一樓。

起先覺得可能是因為沒有資金將房子蓋完；後來我才知道，在那裡沒有蓋完的房屋，可以不用繳稅，所以他們想要省下稅金的話，就不會將房子蓋好、蓋滿。雖然無法獲得最安全的保障和環境，但至少可以不用繳納負擔不起的稅金，這樣的文化和風氣也讓我覺得有些心酸。

▲木片與鐵皮結合而成的矮房觸目可及，遠方的土堆上亦佈滿著同樣密密麻麻的房子。

環顧四周，那些綿延的小土砂堆上，佇立著一根一根電線杆，彼此間拉起了電線串聯，但這邊的供電系統，只能負擔得起幾家住戶，一般的家庭，其實是沒有電的，因此居民如果要出門，大多都是趁著白天把握時間將事情辦完，每天都過著和夕陽賽跑的日子。

他們的房子，就蓋在這一層一層堆疊的小土砂堆上。但這些土地和山坡其實都是用砂土和不少廢棄物堆成的，地上布滿了沙子和垃圾，慢慢累積、擴大，形成了高高低低的山丘，蔓延了整個貧民區，大約 73.52 平方公里的面積，換算起來的大小是台北市的 1/4。

也因此，這裡蓋不了高樓，也看不見柏油路，而房子就這樣沿著山坡緩緩蓋上，形成了階梯狀的房屋街道。部分房子是由木頭蓋成的，也有些比較高級的房子，會採用水泥建造，外牆也不像其他小屋，只是簡單塗上彩色油漆裝飾。屋子和屋子之間，沒有太大的間隔，有些甚至只隔著薄薄的木板，所以只要開口說話，鄰近的彼此都能聽見；更因為房子蓋在砂土上，人們也都行走在土堆裡，空氣品質不好，整體環境也差，和利馬首都的金融商圈、高樓大廈、玻璃帷幕比

較起來，是完全不同的感覺。

　　來到貧民區，才是真的來過祕魯。

　　一路上有許多流浪狗在街道上奔走，因為自然放養，偶爾有些狗會追著人跑，但沒有聽說人類被傷害的情況；這裡的小山丘們長得很像，常常一回頭就搞不清路程，或忘了自己身在何處？剛來到這裡的時候，我雖然很努力地想記得自己正確的位置，但是隨著山路的蜿蜒，我還是記不太起來，直到一個星期之後，才勉強能透過路牌辨認當地的路。

▲偶拍利馬冬天難得見到的陽光。

無懼的19歲
跨越18300公里追逐夢想

　　隨著路途越來越深入貧民區，公車停在 Pachacutc 區，下車後，我和志工們慢慢步行上山，往即將服務的學校走去，腳下踏著砂土，有時會霧茫茫的一片；但陽光露臉時，從山丘上，又能夠看見不遠處清新的藍海，這裡是最鄰近他們真正生活的地方。

▲難得的好天氣才能從私立學校看到的海邊。

## 公立學校的熱情孩子們，
## 第一次見到 101 不停地驚呼著

　　我的志工計畫為期 6 週，必須到兩所體制不同的學校教學；一間是環境較好、制度也比較完善的公立小學，另外一間則是偏向英文補習班的私立學校，學生的組成有國、高中生，也有出社會的人士；面對教學對象和環境的不同，我和一起教學的志工們，會不斷討論教學方法，希望可以對每一個學生有所幫助。

▲我（右三）和公立學校的學生們合照。

　　第1週，我來到環境和師資相對比較好的「公立學校」教書，因為他們沒有英文課程，也沒有英文老師，所以聘請和我一樣的國際志工來教學，不過，我們所屬的機構，還沒有簽下合約，所以我們只是先去試教，學校再決定要不要專門聘請英文老師，讓孩子們可以提早接觸英文，增加未來的競爭力；祕魯的官方語言是西班牙文，由於對象是小學生，沒有英文基礎，因此我們只能以西文教授簡單的英文，這對剛學習西文一年多的我來說，其實是有點大的挑戰。

▲志工教公立學校的學生們唱歌。

在台灣或者大陸，學習英文這件事情，可能從幼稚園就開始，有些人，像是我自己，甚至從小便就讀雙語學校或者是國際學校，對於英文、語言能力的培養，起步較早，到了高中、大學，就能學習第二外語，甚至是第三外語；但是在祕魯的貧民區，並沒有這樣的環境，能夠學到英文，已經是很難得的事，因此我們的到來，也讓當地的教師和學生家長，非常開心。

在公立學校教書的日子，我和兩個志工搭配一起教學，每天負責教 3 個班級。

「我是 Sunny，我來自台灣！」

▲公立學校外，有一些小攤販在等待生意。

▲學校外小攤販賣的 Churros 新鮮出爐，比台灣店裡賣的還好吃（一個約新台幣 15 元）。

那幾天，因為要輪流教不同班級，我便一直在重複「自我介紹」。每當我說出我來自「台灣」時，台下的小學生們都睜大眼睛望著我，眼神透露出疑惑和好奇，因為他們不明白台灣在哪裡？

有些學生天真又激動地說著：「寶可夢！寶可夢！」我說：「不，那是日本。」也有學生憑藉著國家的發音，問我是不是來自泰國？或著仔細望著我的長相、單眼皮，認為我來自韓國，嘴裡還不停喊著"Big Bang"！

當然，面對這些答案，我都說「不，不是的，我來自台灣」，覺得他們天真的反應很可愛，而他們似乎從沒有接觸過台灣人，這也讓我抓住機會可以好好介紹台灣，做一次深度的文化交流；也許多年後，當這些小朋友長大時，有些能來到台灣，或者是將美麗的寶島，介紹給他們身邊的朋友。

有一天下課，一群孩子緊緊包圍著一位美國志工，一直喊，時而發笑，時而發出驚呼。走近一看，原來她正在用手機讓孩子們看著照片分享故事，分享城市的美景。由於大多數的孩子幾乎沒有離開過祕魯，因此看見照片中，那個多數人嚮往能夠生活、工作的地方，就變得相當興奮，每換一張

照片，孩子們就會發出驚呼聲，率真的反應，真的很可愛，讓我印象很深刻。

這時突然有位小女孩湊近我身邊，依偎著我、用水汪汪的眼睛看著我，撒嬌地問：「你住的地方長什麼樣子？」看她一副非常好奇的模樣，於是，我也拿出手機，翻著照片，向他們介紹台灣。

我記得，當我介紹到台北 101 時，小朋友們叫得好大聲，因為他們從來沒有看過這麼高的樓，和他們熟悉的木屋、磚塊屋大大不同，所以小朋友們一直圍著我，好奇地問東問西：「怎麼蓋成的？」、「要怎麼上去到最上面？」聽到這些問題，我雖然一時想不出怎麼解釋才好，但還是盡力地用讓他們能理解方式講解。

後來想想，可能因為貧民窟都是土堆蓋成，不能建造高樓，所以當他們看到建築物可以蓋到 101 層樓，幾乎是要接近天空、甚至有時還會

▲學生們看到手機內的台北 101 照片，滿是驚奇。

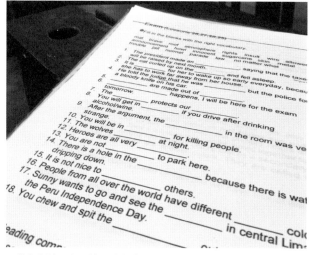

▲我在考試日發下前天晚上出的考題。

被雲環繞著，就覺得很神奇，這時我才體會到，原來我們日常瑣事、不覺得稀奇的事物，在貧民窟的孩子眼裡，也許是遙不可及的。

　　祕魯大部分的人都很熱情，大人和小朋友都是如此，在公立學校的那幾天，我遇到一位小女生，留著一頭微卷的長髮，與親切、率真的笑容，眼睛炯炯有神，雖然她並不是我的學生，但只要一到下課時間，她就會從走廊另一端，衝過來緊緊抱著我、黏著我，一直用西班牙文對著我說 "te quiero"，也就是「我喜歡你」的意思。

▲就是這個缺門牙的小女孩一直抱著我說 "Te quiero"（我喜歡你）。

　　女孩這樣溫暖的舉動，讓我好窩心，更對志工教學充滿了動力，更希望能夠在這段日子裡，將自己能夠給予的，盡力教給他們。

　　為了即將到來的家長日，校方希望我們可以教小朋友們一些英文童謠，表演給家長們看。

　　"Head and shoulders , Knees and toes , knees and toes……"，教室裡揚起笑聲和孩子們喧鬧的歌聲，我們 3 個

老師站在台上，賣力的跳著，一下子摸頭，一下子摸著肩膀、膝蓋，用最活潑易學的肢體動作，教小朋友們跳這首 "Head and Shoulders."，後來還加快速度，大家起立、蹲下，笑到不行，小朋友們更是第一次學習英文版本，也好興奮。

家長日當天，家長們擠在教室後面，用相機將孩子們快樂又率真的一面拍下來；他們都很欣慰，孩子終於有機會學到英文，看到他們能夠透過有趣又簡單的方式學習外語，也非常感動。

▼公立學校圍牆內、外的景色截然不同。

　　特別的是，孩子們的爸媽對金髮碧眼的外國人很有興趣，家長日那天，他們會找來自美國或英國的志工合照。對待他們，有種莫名的崇拜感；不是純粹好奇、少見到的拍照，而是他們會問志工：「可以請你跟我的小孩拍照嗎？」很有禮貌也帶著害羞的語氣和神貌，那樣的感覺像是把外國志工們當成偶像，貌似粉絲想要認識自己喜歡的人一般。

　　再來就是亞洲人，每當我走在路上，或者是學校的走廊上，孩子們看到我的臉，便會一直小聲說 "Chinita"，似乎沒有見過來自東方的人那般，也會用很好奇的眼神一直盯著我。

　　雖然意思是「小中國人」，但那是因為他們分不清楚台灣或者大陸，更可能不了解這複雜的政治關係，雖然聽起來有點歧視感，但我認為他們的行為是出自好奇心，甚至也不太懂何謂歧視；不過，如果這個用詞從西班牙當地人口中說出的話，就會是一種歧視。

## 當我在「世界最不守時國家」──祕魯（Peru）

不準時，是祕魯人的天性，他們遲到的程度，甚至被世界公認為「全世界最不守時國家」；他們通常習慣在約定的時間，加 45 分鐘才會赴約，我們常戲稱為「祕魯時間」。

▲每天早上，我就這樣在公車上度過 1.5 小時（偷偷拍的）。

　　接下來的第 2 週，我深深體會到這樣子的天性……前往私立學校教書時，一如往常的在 7 點半搭上巴士，搖搖晃晃一個半小時後，我們會準時抵達教室，但通常得等上一個小時左右，學生們才會三三兩兩的出現。

　　在私立學校，我負責的班級只有 6 位同學，但上課總是湊不齊，不是缺一個，就是只來一、兩個人。整個志工期間，學生們全部到齊的次數，算算只有兩次。不過就算只剩一位學生，我還是會努力教到最後。

## 不停嘗試，就能獲得最好的結果

　　第 2 週開始，我被派到私立學校教書，我被分派的班級組成大多是成年的上班族，各種職業、年紀不同，來到這邊，無非就是想要進修英文，希望自己能夠多一點工作技能，可以爭取到更好的工作，或者是薪資。

　　由於當地是貧民窟，沒有足夠的供電系統，因此只能利用早上 9 點到下午 1 點、陽光最充足的時候上課，甚至有時遇上陰天，室內的光線會不足。在這樣刻苦的環境下，學生

還是在工作繁忙之餘，特意抽出時間來學習，這樣的精神也讓我很佩服。

　　走進學校，長長的走道，左、右兩邊是木頭拼成的 7 坪空間，外牆漆上繽紛色彩，有藍色、綠色、紅色、黃色，不同氛圍，內部裡面則沒有特別裝潢，只有簡單水泥地板，狹小窗戶曬進的陽光，是那麼地奢侈。

　　教室內，簡陋的桌椅是他們認知世界的天地，掛在牆上的黑板，是他們一步步認知英語的地方，多背一個單字、多學一句話，競爭力就多增加一些。英文，對他們是一種優勢，能夠幫助他們找到好工作，像是在機場工作或者當公務員，或者是導遊。

▲教室全景（私立學校）。

　　當我第一次走進教室，看不見整齊的桌椅，教室後方堆
滿凌亂紙箱、雜物，黑板也是用小釘子釘在木板上，隨時一
搖晃都有可能掉下來，而學生們就坐在教室裡，努力地在紙
上記下單字和文法。

▲破舊的教室（私立學校）。

▲搖搖欲墜的黑板（私立學校）。

　　志工之家雖然有編排好的教材讓我們能夠照著書本教授，但那些教材內容，有些並不實用。有一段章節是講述馬丁路德金恩博士，著名的演講 "I have a dream."，以及黑人、白人的公車隔離政策歷史，但課文內的單字用了許多古語，像是歧視黑人的說法 "Negro"，但是，事實上這樣的用字，說出來會讓美國人生氣，也因此，在經過我和其他志工討論後，我們都一致認為，這樣的教學內容沒有實際用途。

　　所以我自己上網找了教材，另外，為學生安排了聽力和辯論的課程，畢竟他們來上課，就是想要能夠運用在生活或工作中。而每位志工的教法都不同，我們彼此互相協調、配合，找出最適合學生的教法，不過和我一起教書的那位 20 歲英國人，卻不是這麼好溝通。

　　這位英國人很喜歡用自己的理解去教授艱深的文法，甚至會故意用濃濃的英國腔上課，只因為他認為自己是英國人，英文是他的母語，教出來的內容，不容質疑。底下的學生們，不僅聽得很吃力，更完全不懂他的解釋方式，連我自己也聽不懂他教學的內容。

　　其實，原先這個班級是我和另外一位女志工一起搭檔，

但她回國後，這個英國男生便被安排過來幫忙，雖然教材都在我這邊，但他從來沒有問過我，隔天要教些什麼？是個很不認真、也不備課的志工，讓人相當懊惱，完全失去了服務精神。

不只如此，輪到我教課時，他不會一起幫忙，而是在教室後頭走來走去，翻翻雜物、發出噪音，幾次下來，我都覺得很不舒服，但卻又不能因此犧牲學生的權益。

為了解決這樣的情況，備課時，我特別上網找了適合的聽力教材，在上課時請他和我一起角色扮演，一人說一句給學生聽，讓他們可以從中學到兩種不同的英語腔調、增加聽力，這個方法

▲私立學校教室外的走廊。

也讓這個貌似來搗亂的志工，沒有時間到後頭翻紙箱、發出噪音，學生們也可以更專心上課。

這個經過讓我發現，遇到問題時，雖然會很煩惱，也很無助，但只要想辦法去解決，不停地嘗試各種方法，只要一直去行動，就能夠得到自己想要的結果。

除了對話聽力外，我也特別準備了辯論課程，選定幾個主題，讓學生們分成正、反兩方，互相討論看法。再從討論的過程中，修正文法、把他們不會的單字寫在黑板上，增加他們的認字率，讓他們可以從做中學習，而不只是硬背文法和單字。

辯論的過程很有趣，其中我給的一個主題是「世界上有外星人嗎」？因為祕魯有著非常知名的納斯卡線（Nazca

▼牆上滿是志工者留下的手印。

▲志工們合力幫忙 Construction 建築項目，
　建造小公園。

Lines），位於納斯卡沙漠上的巨大神祕地面圖形，線條的深度大約是 10 到 15 公分的白色淺溝，有些筆直，有些則彎彎曲曲，加起來大約有 5 千多個巨大圖騰，每個圖騰都橫跨了幾十幾百公尺，除非從空中邊看邊畫，否則根本不可能完成如此精確的構圖。

有人認為納斯卡線是兩千年前居住在此的納斯卡人，要畫給上天看的圖形，但也有人堅持這些圖騰是外星人建造。我認為這個主題剛好可以結合他們的文化，於是請學生提出看法，互相討論，上課氣氛就熱絡很多，他們也非常喜歡這樣的課程。

## 他寧願相信課本，也不願意相信我

不過，其中讓我碰到一件有點挫折的事，有位學生比較害羞，他總是穿著厚厚的外套，抱著自己的書、筆記本和字典，靜靜坐在位置上，他可以把考試考得很好，但比較不敢開口說；志工負責人也表示，他們會定期考試，通過的學生才能進到下一個課程學習。不過他們發現，有些學生雖然很

會考試，但實際上都是靠死背的能力。

　　我在上課期間，一直想要引導他試著將英文講出來，但他不太願意開口，也不能像對待自己的妹妹一般，用凶狠的口吻去要求他，即使我的心裡很焦急，也不行；而作為老師，我必須適時的糾正他們的文法，引導他們說出正確的英文，加上英文的口語表達很重要，因此，我還是得繼續教他，讓他能有所收穫。

　　但往往我在糾正這位學生時，他會越來越沉默、有點不耐煩，漸漸地不願意開口，繼續低頭看著他手上的字典查單字、做筆記。他寧願相信字典，也不相信我，但因為在上課期間，不能將所有的時間都花在他身上。

　　教到後來，讓我覺得好無力，也不知道該怎麼辦才好？只有在下課休息時間，嘗試著再多和他溝通。

　　有時候明明是想為對方著想，盡力讓大家都能跟上進度，但面對每一位學生的不同個性，應該要有所調整才是。當時的我沒能做好，有些遺憾，但我想，該如何讓學生可以相信老師？也是一個重要的課題吧！

## 帶著孤兒院的孩子們一起遊行

　　我在祕魯的這段期間，剛好碰上他們的國慶，由於學校機構放假，因此我便協助照顧計畫的志工們，帶著孤兒院的小朋友繞著社區遊行。

　　我們先行製作道具和旗子，讓他們可以在路上揮舞，享受歡樂的慶典；結束之後，在院區有一個派對，我們用氣球和色彩繽紛的裝飾，點綴活動室，迎接孩子們的到來。

▼遊行後，我們這一群志工合影留念。

和孤兒接觸時，我發現他們或多或少有些精神疾病，了解後，才知道他們有些是剛出生不久，便被父母遺棄在醫院；而有些小孩並非沒有爸媽，而是雙親沒有能力照顧他們，於是就請孤兒院幫忙

▲志工幫忙佈置遊行後的派對場地。

照料，雙休日才會前來探望他們。

遊行結束後的派對，孩子們的情緒很激動、很開心，雙手和臉上，沾滿了蛋糕奶油，他們熱情牽起我們的手，緊緊抱著我們一起跳舞，就像是見到好朋友般率真、快樂。

其實這些小朋友行走不便，得坐著輪椅，有些小孩則無法控制自己高昂的情緒，會朝著牆面衝撞、還有些會咬著志工的手臂；若沒有實際接觸過相關案例，其實服務起來會很吃力，畢竟這是比較需要專業技能的服務。

但這天，我遇到的志工剛好是職能治療系的學生，他們表示，雖然每天面對小朋友們很累又辛苦，加上經驗不足、

沒有更專業老師可以從旁指導，每天都得克服自己的心理障
礙，繼續面對不同的難關；但能將在學校學到的知識，運用
出來，還是很值得的一件事。他們露出燦爛的笑容如此說著，
我想，每個人在這趟旅程中，真的都能夠從中獲得不同的滿
足和成就。

## 面對容易分心的孩子，就想辦法吸引他們的目光

　　最後一週，我回到公立學校，教導年僅 4 歲的孩子們學
習英文，因為年紀還小、定性不夠，他們常常無法控制情緒。
一下尖叫，一下自發的開始唱歌，一下又跑到黑
板前開始畫畫，甚至還有躲在角落數螞
蟻的，教起來非常辛苦，加上要
在他們連西班牙文都不太會
的情況下，教導他們學習
英文，真的很頭痛。

▲數螞蟻的屁孩。

　　於是我們 3 個負
責教導的志工溝通之

後，決定採用分組教學的方式。將小朋友們分成 3 大桌，我們並陪在他們旁邊，讓他們能夠集中注意力。

雖然場面還是有些許混亂，但至少比一開始好多了。這也讓我了解，面對不同的情況，要採用不同的方式，只要清楚目標，不管用什麼方法達成，都是好的。

除了這些小朋友以外，我們也教了小二的學生，他們的活力更加充沛，也非常調皮，導致我們上課都必須拉開音量，差點就要沙啞，還不確定大家是不是都能聽到我們的聲音？雖然他們的導師會坐在教室內協助教學，但他似乎也拿小朋友們沒辦法。這些小二的學生，因為認字率比較高，因此我們採用圖像式的教學。當我們教到親戚、家族的說法時，我們會先在黑板上畫上小人像，用以表示爸爸、媽媽、兄弟、姊妹……等等，讓他們可以理解現在要教的內容，之後再用西班牙文解釋。

這樣的教法，聽起來以為會相當順利，但其實場面很混亂，孩子們常常提出奇怪的疑問，或者不是問題的問題，比如，有孩子說：「我不會畫畫，怎麼辦？」、「幫我畫好不好？」、「你的 "a" 寫的好奇怪，怎麼沒有帽子？」……，

雖然我們跟他說，可以不用畫出來，但他還是會堅持要畫畫，以至於上課時間拖住了；而如果要他們學寫字，他們抄字又會耗上一段時間，導致那時上課並沒有教到什麼，有些可惜。

每每放學後，我和兩位志工都會在回程的巴士上，討論隔天的教學內容，再回家各自備課；我過去沒有教小朋友的經驗，一開始有點不知所措，但透過每次的討論和教學上的調整，我發現要透過遊戲、唱歌教學才能夠吸引小孩子的目光，或者設計比手畫腳的猜謎讓他們猜單字，用一些比較視覺上或者感官刺激類型的方法，才能讓孩子去融入教學情境中，這樣的方法對他們學習英文來說，才更有幫助。

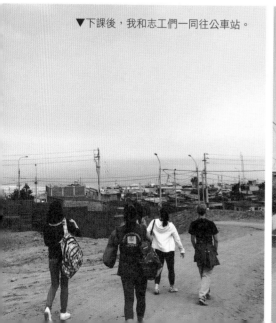

▼下課後，我和志工們一同往公車站。

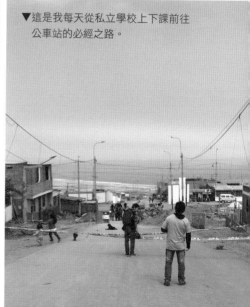

▼這是我每天從私立學校上下課前往公車站的必經之路。

## 最後一天，18 歲的學生配上 19 歲的老師

　　志工服務進入第 6 週，也是最後一週，時間過得很快，匆匆一瞥，就得回到台灣，這段期間我到了公立學校和私立學校教書，也協助了照顧計畫的志工，一起到孤兒院幫忙，接觸了許多熱情的小朋友，和利用上班的剩餘時間、自我進修的成年人，這些都是過去不曾有的經驗。

▲志工服務的最後一天，唯一到場的 18 歲男學生。

　　這幾週，我的生活都是在往返於學校和宿舍的路途中度過的。雖然有時覺得辛苦，但能透過每一次備課的過程，自我探索，找出對學生合適的教法與我能駕馭的解說方式，對我來說，都是難以忘懷的回憶。

　　教書的最後一天，是私立學校的課程，學生們一如往常地沒有準時在教室內；但是這天，我等了很久、很久，一直都沒有學生出現，終於快接近下課前的 1 小時，有位男學生到來，接著就沒有其他人了。

　　那天，我和這位男學生一對一教學，我教他英文，他教我西班牙文，我們輕鬆地聊天，過程中碰上不會的單字就寫在本子上，我請他用英文解釋，我則用西班牙文解釋，互相糾正、學習，最後一天，就這樣結束了我在祕魯的教學志工。

　　雖然心情難免有點失落，但想了想，他們大部分都需要上班和工作，唯一出席的學生也說，如果大家知道這是我的最後一天，就一定會出席。

　　這趟教學旅程，其實一開始我也不太知道怎麼辦？不知道從何教起？因為在加拿大上教師證照培訓課時，大部分都是理論類型的，比如說學生情緒管理或者是班級管理，還有

備課方法等等的,只有評鑑當天,才會上台試教。

這幾週下來,當我試著把自己在學西文的困難,反過來套在他們身上時,有時候剛好就是他們學英文碰到的瓶頸,如此,教起來也越來越順利;我更發現,自己比較適合教口語會話類型的課程;我認為這樣的自我發掘是滿開心的,也對自己很有幫助,收穫非常多。


## 沒有熱水的寄宿家庭
### ——事事不如預期,卻能從中挖掘美好

一開始抵達祕魯時,志工之家剛好沒有了房間,於是我先暫時住在寄宿家庭內,大多人對於寄宿家庭的想像是——能夠和當地人接觸、融入當地人的生活,還能夠練習口說語言,一切都是這麼美好,但實際接觸後,才發現很多事情,和想像中的會有所不同。

我們住的地方總共有兩層樓,裡頭住著一對爺爺奶奶,真正的 Home 媽其實是他們的女兒,但因為房間都讓給志工們居住了,因此她便自己住在外頭。

爺爺個性可愛，相當很和善，但奶奶總是會不停的抱怨，比如會指著志工們說：「水用太多了」、「電視沒有關，很浪費電」……等等生活方面的瑣事，甚至會直接說「當寄宿家庭賺不到錢」！

那時我和來自墨西哥跟哥倫比亞的志工，住在同一個屋簷下，因為奶奶只會講西班牙文，所以她只會向那些聽得懂西班牙文的志工們抱怨，因此不少人也對她避而遠之。

奶奶以為我不會西班牙文，認為與我無法溝通，因此每當我一個人獨自與她相處時，她便會停止這些負面的言語，所以我跟她的相處上倒是還好，沒有太多的隔閡。

還有一件比較無奈的事情，七、八月的南美洲是冬天，我住的那層樓，卻沒有熱水可以洗澡，這是我很不能適應的地方。當時我住在二樓，只有冷水，於是我們會到 Home 媽一樓臥房中的浴室洗澡，但後來有其他志工陸續搬出去，Home 媽便回到家中一起住。

如果她回來了以後，我可能就得一直洗冷水，過完這個冬季，這樣太折磨了，於是想趁著她回家前，趕快把握機會，再洗最後一次熱水澡，但這個舉動，卻也被她發現了。

▲志工的最後一天回去時，與項目的當地負責人（右一）合影留念。

▲當地負責人送我的手環，希望我戴著，看到時就能想起她們。

　　隔天開始，Home 媽便把浴室的門鎖住，我們無法進去，這道門，從此再也沒打開過，於是我洗了一整個禮拜的冷水澡，等到志工之家有空位時，才搬過去。

▲我與 Homestay 阿公一起和家人 facetime。

　　後來與其他志工聊到這些事情，提到其他寄宿家庭都會給備份鑰匙，讓他們能夠自由進出，但是我們沒有，所以有時比較晚回去也會被提醒，甚至會被埋怨吵到主人；對比起來，她們覺得我遇到的寄宿家庭不太好，但大致上我自己還是能適應，畢竟能夠在外地有個能夠溫飽的住所，已經是很幸福又幸運的事情了。

　　有了這樣的體驗，我也才知道，在家生活有多麼溫暖，資源很多，周遭也有很多人可以幫忙，一直覺得自己已經夠獨立了，但這時候才真正的感受到，爸媽對我的照顧有那麼的多，帶著滿滿感謝，面對任何挫折，都覺得值得了。

## 知道蔣中正的爺爺，讓我想起了家

　　當然在寄宿家庭也有遇到難忘的事，爺爺是個性很可愛的人，過去是一名教授，雖然已經 80 歲了，但是他的外表看起來非常年輕、健壯，他有著滿頭黑髮，說自己能夠維持健康的祕密，就是吃鹽巴、辣，還有讓生活充滿愛，是一個非常樂觀又熱情的人。

　　他對台灣很好奇，連台灣年輕人可能都搞不太懂的歷史背景，他卻能一一訴說，比如：國民黨、共產黨，那些國共內戰時期的事情，他都非常清楚。

▲前往機場前，我跑回 Homestay，和寄宿家庭告別。

　　有次，爺爺問了我關於蔣中正的事情，關心他是不是還健在？過得怎麼樣了？不過，當我告訴他，蔣中正早就已經過世了，他叫了一大聲，非常驚訝，反應也很大，可以感受出他真的是一個很率真的人。

　　不只如此，有天，他拿出一本非常大本的世界地圖圖冊，攤平放在桌上一直翻，指著小小的島嶼，跟我說台灣在這邊，我看見台灣時覺得很開心，因為總是有些地圖上沒有台灣的身影；後來爺爺問我住在台灣的哪個地區？我也很開心地指著台北，甚至跟他介紹其他城市，雖然我待在台灣的時間不多，但台灣永遠是我的家。

　　看我們討論得這麼開心，奶奶也湊上來一起聊天，不過奶奶不知道台灣，以為和中國一樣，阿公便趕緊跟奶奶解釋，國共內戰之後，國民黨遷台的歷史事件、現在兩岸的情勢，看著外國人談論著自己家的感覺，非常奇妙，他們的互動也很可愛。

　　後來，我跟爺爺說現在的總統是女生了，他便發出「哇！」的驚嘆聲，認為台灣很進步，也改變很多，看他這樣的反應，我也覺得很興奮，很樂意跟他多分享。

▲ Homestay 小角落。

▼每天在這裡吃早餐的
早餐桌。

▼ Homestay 的阿婆教我做 aji de gallina（祕魯黃辣椒雞肉飯）。

▲ Homestay 的小廚房。

▼ Homestay 的早餐（祕魯人好像都很喜歡吃優酪乳配麥片）。

▼ Homestay 做的 Aji de gallina。

　　當下我非常感慨，沒想到，遠在 18,300 公里外的陌生地，有人這麼了解台灣、這麼了解我的家鄉，這也是我來到祕魯後第一次想家了，不知道家人們過得好不好？第一次到這麼遠的地方，很多事情沒有人可以幫忙，要自己去面對，有時候還是會覺得好辛苦。

## 爺爺攤開報紙，拉著我坐下，
## 就這樣學了一個多小時的西班牙文

　　雖然我就讀西文系，但面對不同的語言，學習起來還是會覺得很難，有一次，我跟阿公聊到這件事情，他忽然激動的說「西班牙語很簡單」，為了要證明他這樣的說詞，便拉著我的手，要我在對面坐下，就這樣開始教我西班牙文，帶我從西班牙文的主詞、動詞開始複習，教我用小技巧背誦，並且釐清各個變化之間的關聯性。

　　剛好我過去之前是祕魯的總統大選，爺爺便翻出一張舊報紙，上面印有總統候選人的大頭照、簡介和證件等等，他用手指著報紙上的單字，跟我解釋用法，要我大聲跟著他複

誦，讓我練習講西班牙文。

　　就這樣我們坐在餐廳內的桌子前，你一句、我一句，唸了一個多小時的西班牙文，堅持教到我說「西班牙文很簡單」才肯罷休；雖然這段過程很疲憊，但之後，我跟阿公就變得很常聊天，感情也增進了不少。

▲ Homestay 阿公剪下來給我練習西班牙文的報紙。

　　因為，我幾乎每天都會和家人視訊，有一次，爺爺就直接湊過來搭話，我則在中間幫忙翻譯，爺爺一直邀請爸媽們到祕魯玩，還說「絕對不可以住別的地方，要住在這裡」，非常熱情。

　　住宿期間，剛好碰上祕魯國慶和里約奧運開幕，國慶這天，爺爺早上起來就非常忙碌，他說，在這裡家家戶戶一定得在門外插上大大的國旗，有政府官員會來巡察，如果被發現沒有照著做，就得付錢，也因此，每個人的家裡都會有一支國旗。

　　而奧運開幕那天，當地人都很關心奧運賽事，奶奶便在廚房爆起爆米花，分裝在兩個大大的桶子內，讓我和她的孫女可以一人抱著一桶，坐在客廳看轉播，不過電視裡充斥葡萄牙語和西班牙語，聽得好辛苦啊！

　　祕魯有道當地的家常菜是「辣味雞肉飯」（Aji de Gallina），雖然說是飯，但其實裡面沒有米，吃起來有濃濃的起司味和牛奶味，只要走在路上，就會有不少餐館在賣，要離開前，我非常想要學這道菜，回台灣做給家人吃，所以我偷偷地問奶奶要怎麼做？她便空出一段時間，找我一起準備要用的食材，像是雞肉、泡過牛奶的麵包、黃色辣椒和蒜頭，煮起來的味道，就和當地人

▲和 Homestay 家庭一邊吃爆米花，一邊看里約奧運開幕式。

賣的一般，這道菜也是每一個人都會煮的特色菜，後來 Home
媽用西班牙文抄下了食譜給我，我把它帶回台灣，希望有天
能夠自己下廚做來吃。

　　雖然在寄宿家庭，有時會遇到不愉快的事情，像是洗冷
水澡等等，但人跟人之間的感情很奇妙，有時候一開始很排
斥或很不安的感覺，會隨著相處越久，彼此理解越多之後，
便開始將冷漠的牆推倒，雙方之間會越來越有感情。

　　從一開始會像是個累贅般地被抱怨，到後來開始跟爺爺
聊起台灣、和家人一起視訊，甚至是教學西語、和奶奶一起
準備食物、和孫女一起看電視吃爆米花，這些都是很難忘的
一點一滴，更是構成這趟豐富旅程的元素，雖然只短短住了
1 個月，換到了志工之家，但在我的人生裡，這深刻的情感互
動，是絕對不會被遺忘的。

# Part 3

無懼！

只要勇敢踏出一步，

世界就會有所不同！

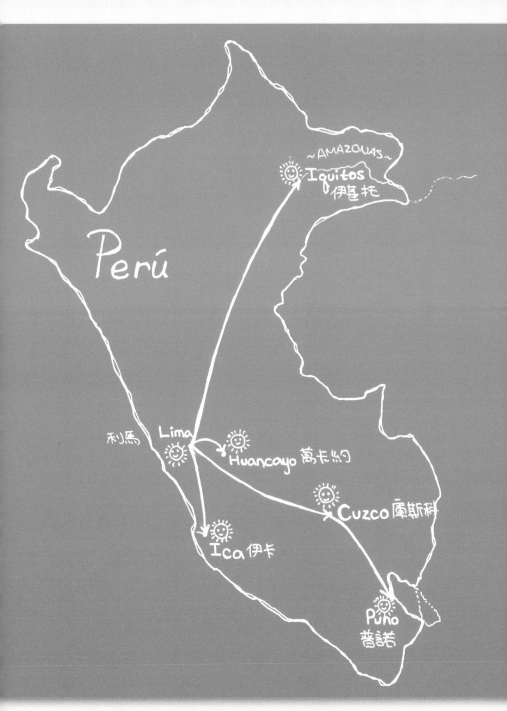

　　在祕魯的時間，我會利用假日到利馬附近的景點旅遊，離開前的最後一週，我則是到了祕魯不同的城市遊覽，祕魯的車票很特別，是一張類似台灣郵票大小的紙張，上面印有價錢，每一天都有不同顏色，像是黃色、紅色、藍色、綠色，我都一一將這些票根蒐集起來，並貼在我的筆記本上，從原先空白的封面，到最後要離開前，本子外充滿了密密麻麻的色彩，這些，都是我走過的旅程，也是永遠抹不掉的回憶。

▲五彩繽紛的公車票。　　　　　　　▲貼滿6個星期公車票的筆記本。

　　這趟旅程最讓我難以忘懷的，是我遇見了瑞士志工 Nathalie，她有著一頭長髮和燦爛的笑容，年紀大我一歲，雖然我們原先不認識，但是第一次一起出門，我發現我們喜歡的東西相同，也都是很愛冒險的個性，在多趟旅行和到不同城市感受當地文化後，建立起了深刻的友誼，讓我增加了許

▲志工好友 Nathalie 和我有共同的喜好。

多的豐富的體驗，也因為有她，所以我才有更多勇氣，去做更多事。

## 遠離金融大廈聳立的看花區，
## 蓋滿土堆的矮房才是真的祕魯

　　利馬省中的利馬市被稱為舊城區，不遠處有個新城區，叫做看花區（Miraflores），再過去一點是聖伊西德羅區（San

Isidro），是他們金融中心非常流行、現代，大樓都用玻璃蓋成，就如同台北市一般先進。

志工之家居住的地方，是位在中產階級聚集的聖米格爾區（San Miguel），不過，利馬有利馬區、利馬省，其實編制有點混亂，當地人也不太清楚怎麼區分。

祕魯的工資差距、貧富差距是世界上最高，位在金字塔頂端的 1％，佔有全地區 41％的財富，而剩下 99％的窮人，只握有剩下的 59％，生活在金融中心的人就如同大集團的人，但貧民就只能住在限水、限電的地方。

這樣的現象是相當明確的，在首都利馬，有一道長 10 公里、高 3 公尺、頂部還有刀片鐵絲網的高牆，又被稱為「恥辱之牆（Wall of Shame）」。

從 1980 年代開始，分隔了聖胡安德米拉弗洛雷斯區（San Juan de Miraflores）和蘇爾科區（Surco），一道高牆生冷地隔開同個國家的人民，高牆左、右就像是兩個世界，貧民窟的孩子在灰色冷硬的牆上塗滿彩色畫作，告訴大家「我的國家是你的，我的國家是我的，我的國家是所有人的」，認為這道牆根本就不該存在。

　　雖然貧富差距大，但是消費時，還是能獲得相對的公平，比如說同樣要買馬鈴薯，有錢人需要花比較多的錢去消費，數量還可能比較少，而貧民窟的房屋雖然環境不好，但是付出新台幣 50 元就可以吃得很飽，白飯會給得很多，這是他們窮苦的生活下，能夠擁有的幸福。

　　當地人總說，要遠離看花區，才會見到真的祕魯，這次我藉由志工計畫，才有機會和「真正的」祕魯人接觸，因為聖伊西德羅區等金融重鎮，是觀光客聚集的地方，網路上和旅遊書上，大多都會介紹得很詳細，但那只是表象。

　　遠離市區一、兩個小時的車程外，咖啡色土砂堆、灰塵飛揚、垃圾滿地、密密麻麻的彩色房子和蓋到一半的建築，那才是大多數祕魯人的生活起居；我和當地人聊天時，他也說應該要多多到這類的地方去，才算是真的到過祕魯。

　　在祕魯旅遊，有件事情很好玩，這裡的司機大哥發現外國人會西語就會一直攀談，但對話內容卻都是相同的……。

## 對話 #1

：你從哪裡來？

：台灣！

：喔喔喔！Taiiiiwaaaan！

：你知道台灣？

：No！

：是在中國旁邊的一個島國，但不是中國。

：Sí Sí！Everything Made in Taiwan！

：那難道不是 80 年代嗎？現在是 Made in China 吧……！

## 對話 #2

：你自己一個人旅行啊？

：對啊！

：不錯、不錯。你有幾個小孩了？

：……蛤？（這句話我每次都要聽兩遍確認）

：你有幾個小孩了！

：我沒有小孩……在台灣，19歲一般不會有小孩的……。

：喔喔……那你結婚了吧！

：……沒有，我們也沒有那麼早結婚的！

：喔喔……那你男朋友呢？

：我沒有男朋友。

：在台灣也沒有？

：……沒……。（難道你是在問我祕魯有沒有男朋友?!）

：為什麼啊?!

：……大叔，我不知道啊？我不知道……。

：哈哈！他們都不喜歡你！

：……。

：他們都瞎了！

：沒錯、沒錯、沒錯！今天天氣真好，有點冷啊？城市好美！我們多久才到目的地？附近有什麼好吃的？

常常被問到這些問題，我都只好趕快打發過去，畢竟台灣結婚年齡並不像他們一樣這麼早，遇到這些問題我也不知道該怎麼辦？但透過這些對話，我也知道了，原來他們都是相當早婚啊！

## 沙漠綠洲：瓦卡奇納（Huacachina）

這趟旅程，是我到祕魯之後第一次出遠門玩，也是我和Nathalie 第一次出門，我們坐著當地最好的大巴——南十字星CRUZ DEL SUR 出門。

上車後，服務員會用 DV 拍攝每個人的臉，每一次發車，都還會再拍攝一次，也採用衛星定位，避免司機繞路，不只如此，他們為了避免司機太過勞累，4 個小時就會輪班一次，這一切都是為了保護乘客的安全。

車坐著、坐著，廣大的沙漠中，突如其來出現一座綠洲，酒店圍繞著湖建造，在這裡可以坐沙灘吉普車，奔馳在沙丘上，這裡是瓦卡奇納。傳說在很久以前，一位年輕美麗的公主來到這裡唱著歌和洗澡，歌聲吸引了獵人偷看她洗澡，公

主發現之後，驚慌大叫的跳入了湖內，變成了美人魚，傳說現在這公主還活在綠洲裡，為了紀念她，綠洲還立了一個美人魚的雕像。

小鎮的建築被高聳堆積的沙漠圍繞著，綠洲的水源來自地下水，但確切的源頭沒有人清楚，湖水含有豐富的礦物質，昔日還有富商會到這邊浸泡治療，不過現在已經成為了觀光地，也沒有人會浸泡了，湖水甚至還會飄出濃濃的異味，所以，選擇住在湖旁邊的旅客並不多。

我們大約傍晚4、5點時抵達，因為來過的志工說，一定要看到這裡的日落，這天，我正好碰上祕魯的國慶，不像台灣的百貨公司或樂園，遇上國定假日或連假會進行促銷，在這邊，票價反而上漲。

我們先是坐著吉普車快速來回沙丘，就像坐雲霄飛車一樣，不停地上上下下，越過一個接著一個的起伏地形，路程非常顛簸，車上所有的人都不停尖叫、大笑，非常刺激。結束後，司機大哥還幫我們拍照留念，指導大家擺出帥氣的Pose，先是輪流站上吉普車合影，接著慫恿我們爬上車頂，拍出凌駕大車的感覺，這時候也接近黃昏，於是還拍了不少

▼ Huacachina 綠洲。

▲帥氣站上沙漠吉普車頂。

▲在 Huacachina 乘坐的沙灘吉普車。

▲拿著滑沙板拍照留念。

▲在綠洲認識的朋友們。

跳躍照，當作紀念。

美麗的黃昏天色就在一旁，我們也體驗了滑沙活動。滑沙的時候，我坐在板子上，從沙丘上滑下來，還可以分等級挑戰，有些沙丘大約 3、4 層樓高，有些則是 6、7 層樓高，還非常陡峭，站在巨大的沙丘前，真是不敢想像怎麼從上面滑下。

我坐上專用的滑沙板，一旁的大哥專心指導動作，可以選擇趴著或者坐著，更是再三叮嚀不要打開嘴巴，「1、2、3」！突然我就被從沙上推下來，滑下來的時候，速度真的很快，又刺激、又開心，我一直大笑，細小的沙子直接飛進嘴巴裡，腳也被沙子全部埋起來，雖然最後抵達平地時，整個人跌下在沙上，但完全不會痛，想要一玩再玩。

每滑完一次，就要自己再拉著板子往上爬一次，重新再來，爬的過程有點久，有人還直接將沙板當作拐杖，一步步慢慢爬，但一點都不覺得累，只想趕快再滑下來，如果覺得速度不夠快，還可以要求工作人員，在板子下多塗一點潤滑劑，這樣下坡的速度就會變得更快，中途就會翻車，直接跌進沙子裡。

　　結束了沙漠綠洲的行程後，同坐在一輛吉普車上的祕魯利馬人 Diego、Arturo 和他們的朋友，問我們要不要找個地方聊天？後來，我們隨意在酒店棚子下坐著聊天。

　　我點了祕魯的國酒—— Pisco，是秘魯和智利傳統的一種由葡萄發酵蒸餾而成的烈酒，下面是蛋白，味道嚐起來甜甜的，雖然很好喝，但是有點烈，因為我喝酒會臉紅，為了保護自己，所以我沒喝完。

　　認識 Diego 和 Arturo 後，我發現他們認識的過程很特別；Diego 是 BMW 的員工，Arturo 天天去試駕，聊著、聊著，就越來越熟，這就是祕魯人很熱情的地方，隨時都能搭話，並成為朋友！

　　喝完酒之後，我和 Nathalie 一起到他們家烤肉，吃完烤肉去 Party，隨著 DJ 的音樂，我們和祕魯人一起跳起了 SALSA，是非常好玩的一個晚上！

▲祕魯國酒 Pisco sour。

隔天，我們預計要額外付費參加品酒的旅程，沒想到被 Diego 和 Arturo 知道後，他們直接開車帶我們去四間酒莊，體驗免費的品酒旅程。

每個酒莊的設備都不太相同，有的釀製酒裝在像蘿蔔形狀的半身高的甕中，等待發酵，也有些裝在大大的原木桶中；印象很深刻的是，其中一間酒莊叫做 Tacama，是南美洲歷史最悠久的酒莊，可以聽免費的導覽和品酒，可以看到莊園裡面種植的葡萄，員工大約有四百多人，這裡賣的酒也比市區的超市便宜很多。

▲與在綠洲認識的朋友們，一起參觀酒莊

原先，我和 Nathalie 並沒有太多的接觸，雖然都是教英文的志工，但因為分配的任務不同，沒有機會講太多話，直到這次一起到沙漠遊玩後，我們的感情才越來越好。

我很感謝有 Nathalie 在身邊，因為她的媽媽是西班牙人，所以她可以用西語和當地人溝通，出去玩的時候，都是她在負責安排，讓我少了些許煩惱，以及溝通上的困難。

我們後來變得很常聊天，有時我們也會用西語溝通，她說其實我的西語講得很好，覺得我可以更勇敢一點，不該總是讓她出面去溝通，也能夠自己試試看，才會進步。

但面對陌生的環境，有人可以依賴的情況下，我會覺得有人可以幫忙翻譯，便變得有些退縮，但經過她的提點之後，我也很努力的讓自己可以更主動去溝通。

## 抱著再也不會來的心情……我跳進亞馬遜河！

志工服務期間，Nathalie 提到她與另外一位志工幾天後要到亞馬遜旅遊，導遊說如果 3 個人一起，價格可以比較優惠，於是，我當下決定也要跟著一起去，否則之後就沒有機會了！

　　這是一件非常冒險的事情，因為從來沒有想過會到亞馬遜，所以我並沒有在台灣施打死亡率高及傳染性強的「黃熱病疫苗」，於是出發前幾天，我自己一個人跑到機場附近的健檢中心，拿著密密麻麻的文件，就直接進到小房間內打針，其實當下沒有太大的特別之處，但當護士把針抽出來的時候，我感覺到了「一大滴水」滴在手上。

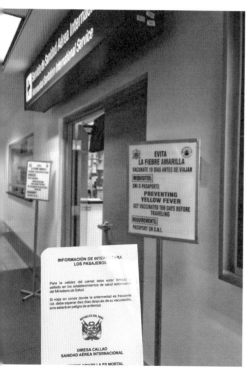

　　護士快速地用酒精球擦掉，當時我想著「希望那滴水，不是疫苗」，不然真的難想像，到底打了多少進到我的身體？是不是其實根本沒有打到？但只好不去想它，打了就好了，總算可以順利出發！

　　後來我才知道這樣子的行為風險很大，因為疫苗可能會有感染或者過敏的情況，一個人在外地，沒有人可以照顧，或者幫忙翻譯，如果不小心發生了什麼危

▲出發到亞馬遜前，到機場內打的黃熱病預防針。

險，其實會很難處理，非常慶幸自己沒有出現排斥反應，或者任何感染的跡象，但我想，旅行還是要做好萬全的準備，才能夠讓自己不暴露在危險範圍，也能讓家人安心。

我和家人會天天視訊，但亞馬遜當地沒有網路，雖然事先跟爸媽溝通好，會「消失」兩天，但就這樣沒了音訊，爸媽難免有點擔心，而在過程中，不小心收到訊號時，還傳來了爸爸擔心的訊息，畢竟在遙遠的地球兩端，他們只有照片和文字可以更新我的消息、確認我的安全。

我們住在當地小木屋裡，沒有熱水，只有晚上 6 點到 10 點有電，但天空有著滿滿的星星，相當美麗，一旁就是蟒蛇出沒的雨林、鱷魚棲息的河流，像這樣原始、野生的地方，我想我不會有機會再來了！

隔天，船駛在亞馬遜河上，我們嘗試釣食人魚，聽起來很恐怖，會想像食人魚釣起來該怎麼辦？該不該摸？該不該開心？深怕自己會受傷，但我們把魚餌放進水裡，食人魚很聰明，把鉤子上的生肉直接咬走，沒有上鉤，我們試了很多次，還是沒有成功，但之前來過的志工倒是有釣到，他們表示，不用緊張食人魚被釣上來怎麼辦？因為當地人會直接把

▲沒釣到食人魚，倒是釣了幾隻毒鯰魚。

魚打暈，讓遊客跟食人魚合照。

就這樣，我們在亞馬遜河繼續向前進，這時，導遊說人多的地方，靠近岸邊處可以下去游泳，於是我毫不猶豫、興奮地在身上塗滿聲稱可以美白的泥巴，跟著 Nathalie 及另外一位志工一起跳進亞馬遜河裡頭，將身上的泥巴洗去。

就這樣，我們游了半小時，還覺得時間不夠，拜託導遊讓我們游久一點，但最後當然是不行！

其實當下我不覺得害怕，只覺得我們真的超級酷，能夠在亞馬遜河裡游泳，很不可思議，雖然游泳時好像有感覺到異物在觸碰自己，也許是會咬人的魚，但這樣的體驗也許一生只有一次，不把握機會跳下去，真的會後悔。

▲鼓起勇氣，我和朋友一起跳進亞馬遜河。

▲我和兩個志工好夥伴——Nathalie 和 Antoinette。

▲抱著會唧唧叫的可愛樹懶寶寶！

▲猴子對我的手機表示很有興趣之餘，其實
另一隻手正在試著偷偷打開我的包包拉鍊。

　　不過，亞馬遜河裡其實有食人魚跟毒鯰魚，導遊千交代、萬交代我們不能越線，否則可能會被咬傷。

　　除此之外，我還抱了超級可愛的樹懶，牠們的動作真的很慢、很慢，好想把牠們帶回家。我發現野生樹懶很喜歡吃一種葉子，不過，導遊說如果我們吃到它們吃的有毒的葉子，會拉肚子，還會睡上8小時；導遊說，之前會有外國人想要吃吃看那葉子，結果就這樣睡了半天，拉肚子拉了一天！

　　還有，導遊先前和朋友到亞馬遜露營，3天沒吃東西，於是獵捕了一隻樹懶，想說煮湯會比烤熟要來的好吃，還會吃得更飽。

但是，煮湯會把樹懶的肉汁混在水裡，所以他們喝完湯之後，就昏睡過去，到晚上才起來。不過，如果是烤肉的話，葉子的毒素會隨著肉汁滾出來，他們忘記了！

到亞馬遜是很刺激的一段旅程，處處都是驚險和危機，晚上時，我們還到小木屋後面的叢林，找大蜘蛛和青蛙，清晨就起來，看看快要瀕臨的絕種的黑色小猴子。

在木屋外的橋下，有一灘池水，當地人告誡我們，水裡面有蟒蛇、蜘蛛，有路的地方可以走，但是沒有路的地方，千萬不能走，會發生危險，但是我們自己想嘗試看看，所以有偷偷地走到一小段野生道路，但幸好走過去時沒有發生什麼事，現在想起來還是覺得非常大膽。

在當地我們參觀了傳統的原住民文化，還能夠吹鏢，體驗他們的生活，這裡的婦女們裸著上半身，袒胸露背，

▲早上和 Nathalie 在雨林中散步。

▲蹲在雨林中的超級大樹旁，我瞬間變得好渺小。

僅用一塊布包著臀部，打著赤腳踩在土地上，臉也繡滿特殊
的紋路，我也被族人在臉上畫了長長的兩道紋路，體驗他們
的文化。

男生們則是戴著一大長串的項鍊，上頭有像牙齒和羽毛
的裝飾，身上也會背著傳統的包包。

不過，我和朋友都覺得這樣的行程，商業化了許多，比
如說，我們一抵達，她們就幫我們戴項鍊、頭飾，看完他們
講解跳舞後，還會和你要錢。

▲我和友人帶著 Bora 族的頭飾自拍。

　　族長會說：「一般人來參觀都要付錢，但你們和我的導遊好朋友來，所以就可以自由募捐。」之前認識的祕魯人和我們說過，這種時候不要理他就好了，不用給他錢。

　　不過，之後他們就會開始向遊客兜售手工品，雖然比外面賣的便宜很多，但他們會一直纏著人，有點不舒服，有強迫推銷的感覺。去之前，導遊和我們說可以帶一些糖果給他們，因為不常吃到糖果。我也嘗試了這個方法，他們真的超愛的，全部男女老少圍著我伸手，想要吃糖。

▲亞馬遜 Iquitos（伊基托斯）Bora 族原住民。

▲嘗試 Yagua 族原住民的吹箭。　　　▲在亞馬遜這幾天所住的小木屋。

　　其實有固定幾個部落都是這種觀光性質的，我們之後回來看到碼頭兜售觀光行程，去的部落就是我們去的這幾個。雖然是真的有這些部落，穿的還是原始的衣服，但他們大部分都會說西語，小孩子也有在學西語，並不一定只講原住民語。

　　我們的導遊有 1/4 的原住民血統，他會講一點點原住民的語言，亞馬遜有許多部落，每個部落的語言都不一樣，這些被觀光化的部落，其實只是這廣大雨林中的一小部分，在森林深處還是有真正的食人族和很原始、沒有跟外界接觸的部落存在著。

我覺得在這邊很特別的是，因為我們對祕魯一無所知，之前只有在歷史地理書上看過，不會像日本或韓國，大家都知道，或者說生活中有許多文化充斥在我們的身邊、很熟悉，所以每一項嘗試，對我來說，都是很特別的經驗。

## 萬卡約（Huancayo）

前往萬卡約時，因為 Nathalie 的幫忙，我們很幸運可以住在志工之家負責人的妹妹家中，因此省下了不少錢。這裡的海拔有 3,259 公尺，我們參加了 Day Tour，跟著旅行團一起

參觀當地特殊地形—— Formaciones Geológicas de Torre Torre。

一根一根岩石，矗立在山間，都是經過風吹日曬而形成的，這樣的地形又被稱為仙人煙囪或石林，最高的石柱可以高達 30 公尺。爬到山頂俯瞰，會不自覺發出驚呼聲，因為實在是太美又太壯觀。

▲ Huancayo 的海拔高度。

▼ Huancayo 的特殊地形 Torre Torre（西班牙文翻譯過來是'tower tower'「塔塔」的意思）。

　　除此之外，在 Cochas 村莊裡有許多雕刻葫蘆的大師，甚至揚名國際，奪下大獎，這樣的傳統雕刻已經延續了好幾個世代，並有四千年之久的文化。

　　安地斯人用葫蘆儲存食物，像是鹽巴和調味料，或者當作器皿。在 18 世紀後期，在最西部的亞馬遜叢林，當地居民開始與商家交易葫蘆買賣，也從阿亞庫喬人的身上學習傳統和技術的葫蘆雕刻。

　　我和 Nathalie 都很喜歡手工的東西，看到師傅的製作過程，我們超、超、超想一起做的，所以特別問導遊：「可不可以自己刻葫蘆？」不然一般參觀的話，都只能看雕刻師製作，或者買完紀念品就得倉促離開；沒想到，只要多花新台幣 40 元給師傅當作材料費就可以了。

　　老師傅頭髮斑白，有著一對濃眉、帶著黑框眼鏡、頂著咖啡色帽子，仔細專注的製作葫蘆，我和 Nathalie 興奮地坐下，開始細心一起刻著屬於自己的葫蘆。

　　不過，當下我們的旅程還是得進行，沒有刻完就得離開，還好師傅人很親切，答應我們隔天可以自己來找他，完成我們的葫蘆，很歡迎我們隔天再繼續來跟他學習。

　　隔天，師傅正在為葫蘆上色，很好玩的是，必須用點燃的小木棒，一邊吹氣，才能將葫蘆添上色彩；氣吹得越大力，顏色就越黑，所以輕輕吹的話，就會是咖啡色，非常特別。除了這個方法之外，還有一種是塗上豬油以後，再用木灰抹在葫蘆上，便可以將顏色滲透進葫蘆。

　　師傅帶我們到一個小房間，裡面擺滿了他的作品和報導，這時候我們才知道，原來這位戴帽子的師傅是位很有名的人，還曾受邀到華盛頓表演、展覽和演講，甚至許多國際雜誌也有採訪他。

　　後來，我們和師傅坐在門口一起刻畫，我在自己的葫蘆上刻了草泥馬，葫蘆很硬，我刻到手都麻了，變得紅紅腫腫的，一直回台灣的 3 週後才好點。但是看師傅在雕刻時輕輕鬆鬆地就可以刻出各種細節，和我靠蠻力才刻得出痕跡的葫蘆相比，更能體現出他的雕功了得。

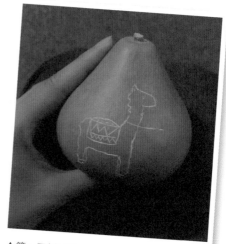

▲第一天刻了快 1 個小時，卻只有一隻羊駝。

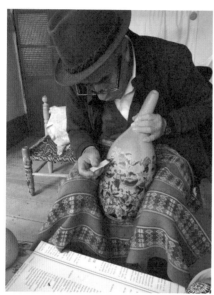

▲大師正在幫葫蘆上色。

▲用豬油和木灰的方式上色。

▲帶回來的葫蘆雕刻戰利品（最左是我自己刻的葫蘆）。

　　師傅細細製作，每一顆葫蘆都是獨一無二的，沒有草稿，就直接刻畫。不管大小，都是唯一一種花色，非常厲害。圖形大多會有草泥馬，不過我刻上之後，師傅很堅持草泥馬是在山上活動的，便要我多增加山的圖形，很可愛。

　　那天，師傅很熱情地邀請我們進到屋內喝茶，和他們一起吃午餐，熱熱的茶，喝起來味道像是麥茶，我也發現了，祕魯人特別喜歡喝甜的、重口味的東西。

　　吃到一半，師傅開始說起自己的故事，開始刻葫蘆是從爺爺那一輩開始，再傳授給他，可以說是他們家族的工藝傳統，也是當地非常著名的文化。

　　離開前，師傅要我們和他的作品一起拍照，那顆葫蘆上的圖案很精細，體積很大，幾乎是我身體的一半大，一顆要價新台幣3,000元；後來，我也買了

▲和刻葫蘆大師 Medina 夫婦合影。

▲抬頭仰望著塔，感覺高聳入天。

葫蘆做的小盒子當作紀念。現在回到台灣，看著小盒子，還是會想起那一天那麼用力刻劃葫蘆紀念的模樣。

▲我和當地志工在屋頂上喝茶、聊天。

回到宿舍後，吃晚飯前，我和當地的志工，坐在屋頂上聊天，相當愜意，互相分享當志工的心得，其中一位來自加拿大的朋友是醫療計畫的，今年唸大一，他說以前沒有當過志工，不過到這邊，醫院卻讓他可以搬著小椅子，站在醫生旁邊看手術的進行，這是在學校不可能會發生的事，覺得很難得，也能夠累積一些實務經驗。

▼ Huancayo 萬卡約的中心廣場 Plaza de la Constitución。

## 古印加帝國搖籃──世界中心：庫斯科（Cusco）

　　我在8月24日抵達庫斯科（Cusco），這個城市被安地斯山脈環繞著，海拔有3,399公尺，素有「世界中心」之稱，Cusco又有「肚臍眼」的意思，過去是印加帝國的首都，傳說中，住在安地斯山脈的印地安人崇拜太陽神，在這裡建立起偉大的印加帝國。

　　16世紀西班牙人征服南美後，將庫斯科收編為殖民地，並將原住民所說的其楚亞語（quechua）改成西班牙語，但住

▲從 hostel 外小路望下去的庫斯科。

在厄瓜多爾、祕魯、玻利維亞和智利北部靠安地斯山脈的印地安人，仍舊有不少人說蓋丘亞語。

庫斯科的廣場的地板上，有以美洲豹作為指引的標示，其實這是因為整座城市被印加人設計成美洲獅（Puma）的樣子，美洲豹在印加文化中代表宇宙間三個層次（天、地、人）中的「人」。

攤開地圖看，可以發現美洲獅的頭落在薩克塞瓦曼（Sacsay-huaman）的山丘上、身體和背沿著 Tullumayu 河與街道向下延伸，尾巴則為 Tullumayu 和 Saphy 河流的交界處，

▲庫斯科武器廣場內的另一個教堂──耶穌會教堂。

而美洲豹的心臟則是武器廣場,也是主教堂所在地。

當地的麥當勞承租了古蹟當作店面,星巴克則是由神殿改造,文化古蹟保存相當扎實和完整,就連外商公司都相當努力去執行。

抵達的第一天晚上,我看著餐廳內的菜單,點了「羊駝漢堡」來吃。這是我第一次吃草泥馬漢堡,吃起來和牙齒摩

▲開在古蹟市裡的麥當勞速食店。

▶庫斯科武器廣場
Plaza de armas。

擦的時候會有「怪嘰、怪嘰」的聲音，和牛肉有點像，但比它更有嚼勁，沒有什麼特別的味道。餐點送上了9種沾醬，有粉紅色、綠色、黃色……等等，一個大約新台幣150元。

▲非常有嚼勁的草泥馬肉漢堡。

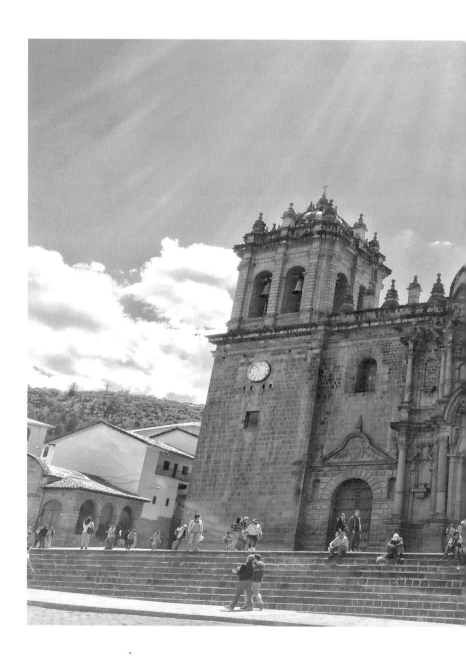

▲庫斯科大教堂是當地知名景點。

　　在祕魯，羊駝是很重要的牲畜，羊駝的皮毛被譽為「安地斯山脈上走動的黃金」，牠們身上那厚厚一層羊毛，具有非常高的經濟價值，不用染色就能夠做成各種服飾。加上毛質非常的溫暖，1 公斤價格可以賣到 400 ～ 500 美元，是普通羊毛的 10 倍。

▲與 Nathalie 在庫斯科的最後合照。

▲參觀紡織小鎮時餵羊駝。

▲我和 Nathalie 與羊駝自拍。

## 第一站：彩虹山（Ausangate）

一大早，我在凌晨 3 點起床。因為
要先適應高山症可能出現的症狀，我先
喝了用古柯葉泡的茶。特別的是，當地
的古柯茶不是茶包，而是直接用葉子加
上熱水，喝下去會有股濃濃的草味。雖
然喝下去之後沒有太大的感覺。

▲還沒到彩虹山山頂的海拔。

坐了很久的車以後，我終於到彩虹
山的山腳下。由於沒有太多準備，下車後才發現，天氣非常
冷。我也不知道山上會有雪，看到雪的時候，還嚇了一跳，
心裡想說：「糟糕了！」因為，我沒有穿登山鞋，也沒有禦寒
的外套，只能硬生生背著裝滿水的背包往上爬；幸好，爬到
一半，太陽就升了起來，身體也漸漸暖和起來，但因為我穿
的不是專業的配備，走到一半，鞋子都濕了。

彩虹山上的路並沒有開發過，沒有階梯，也沒有人為的
設施，只有用腳走出來的石頭路。由於我平常很少運動，因
此爬起來特別累，覺得自己在海拔 4,500 公尺的高山上，快要

失去氧氣，只要太用力，就會呼吸困難。爬著、爬著，動作便越來越緩慢，頭還有點暈，疑似出現高山症。

這時，導遊拿出一袋古柯葉讓我們嚼在嘴中，說可以治療高山症，吃了會比較舒服。這是我第一次生吃古柯葉，嘴裡滿滿的都是草味；其實拿到葉子的時候，我半信半疑，覺得應該沒什麼效用；但沒想到吃下去之後覺得很有效，開始能夠順利地呼吸到空氣，身體也變得舒服。難怪對安地斯山脈的印地安人來說，古柯葉是他們的力量來源。

登上山腰後，可以選擇走路或騎馬。接下來的路程，因為覺得自己撐不過接下來的山路，我便選擇了騎馬。雖然很可惜不能自己走完，但安全第一更重要。很好玩的是，馬主人會背著稻草、走在旁邊牽馬，當馬兒想吃草的時候，便直接拿出來餵食。

我這匹馬的主人是安地斯山的當地人，身上穿著他們的傳統服飾，嘴裡說著 "quechua" 和西班牙語。

▲花了 70 Soles 坐在馬上，前進了一段山路。

☀ Sunny　　👦 馬伕

☀：這匹馬的名字叫什麼啊？

👦：Luck.

☀：喔喔～我叫 Sunny，晴天的 Sunny。你的名字呢？

👦：Luck.

☀：啥？（你幫你的馬取一樣的名字？我再重複了一次
　　對話，但還是一樣他說他叫 Luck.，我覺得可能他
　　不知道我在問什麼？）

☀：（指著旁邊的草泥馬們，因為昨天晚餐是 alpaca 漢
　　堡）你們吃 alpaca[1] 嗎？

👦：對啊！

☀：那 llama[2] 呢？

👦：我們也吃，但不常吃，我們吃的是 alpaca，玻利維
　　亞的安地斯人他們吃的是 llama。

☀：那怎麼區分？

👦：……（形容了一堆，我也沒完全理解。大概就是大
　　的是 llama，小的是 alpaca）。

:那 vicuña[3] 呢？

:我們不吃！

:是不是因為他們的毛很好，太貴了？

:對啊！不吃。

:那老鷹呢？這麼高會有老鷹（Condor）吧？

:這裡還沒有，要更高，但是老鷹會吃 alpaca 和 llama。

:?! 那麼大 ?!

:對啊！很大。翅膀張開比人還大，會下來抓走牛、
羊、馬。

:哇……！

:你們是不是都講 quechua？

:對啊！（沈默了一下 ……。）

:你要學嗎？

:……（就等你這句！）好啊、好啊！

:（教我數字，打招呼，之後遇到路上返程的其他馬
伕，也特別停下來要我練習打招呼）。

---

1 草泥馬 = 羊駝 =alpaca

2 llama= 駱馬

3 vicuña 小羊駝，是最貴的，牠的毛超級貴。

▲自然壯觀的彩虹山。

爬山的時候，因為我坐在馬背上，所以除了拍照之外，也沒什麼事可以做，於是我便嘗試著和馬伕用西班牙文聊天，想說可以訓練自己的對話能力；於是一連串的有趣對話，就發生了！

接下來的路途，馬伕就一直不定期的考我數字。我就邊騎馬邊努力把它記在手機裡，可以感受到，他們真的很熱情呢！

一路上可以看到山脈有不同的顏色，有紅、有綠，到山頂上的時候，就能看見很明顯的彩虹分層，似乎有規律地排列，但又是這麼的自然壯觀，有紅色、綠色、白色、黃色，相當鮮豔，會形成這種景觀和色彩，是因為板塊移動擠壓等自然因素，讓砂岩、礦石被捏合起來，就變成了像夾心三明治一樣一層一層的，不過由於彩虹山是保護區，只能遠遠地看著，不能夠爬上去，不過走近一點看，會發現很多繽紛的小碎石分布在地板上。

▲滿山的草泥馬。

下山時，我下馬的時候站不穩，不小心跌倒在雪裡，有個好心的女生看到，立刻拉著我起來，那時真的覺得，還好有她拉我一把，不然靠自己的力量，實在很難站起來。

不過其實跌進雪裡不會痛，只是我右半邊褲子濕透了，很冷、很冷，因為沒有其他辦法了，我只好一個人，癡癡站在太陽下將褲子烤乾，但也許是因為這樣，後來我開始很不舒服，肚子很痛，還好回到木屋的時候，有廁所可以趕快解決不便。

▲彩虹山上的簡陋廁所。

▲我終於爬上彩虹山。

但讓我很驚訝的是，這麼高山的地方，廁所居然是可以沖水，我會這麼說是因為連貧民窟的房子、住家廁所都不能直接沖水，還要用水桶去接水，再用大力倒進去才能沖掉，一切都是手動的，而如果一直沒有人去沖水，排泄物便會滿出來。

▲可愛又有個性的草泥馬。

後來我想想，可能是因為觀光區遊客比較多，當地政府重視經濟收入，但這樣的做法，卻似乎變成政府為了商業的觀光發展，而忽視了當地真正需要被幫助、維持基本生活品質的貧民們。

那天晚上，我回到庫斯科，時間已經很晚了，我住的背包客棧很接近庫斯科大教堂，但必須要從武器廣場的後方小路爬坡上去，這段路途黑暗，不過當我沿著山坡慢慢往上走時，卻能夠看見庫斯科的夜景，踏在石頭路上，古城滿是黃澄澄的燈光，宛如繁星，照亮了夜空，很漂亮，也很難忘。

▼美麗的庫斯科夜景。

## 第二站：武器廣場、庫斯科大教堂

隔天，我開始了市區的探險，武器廣場上冉冉升起「七色彩虹旗」是庫斯科市的官方旗幟，印加人認為彩虹是太陽神給予的禮物，也象徵著印加帝國的全盛時期。

印加帝國的建築相當出名，石塊的切割都相當精準，在武器廣場（Plaze de armas），有一道印加石牆，沒有採用水泥或者其他黏補的材料，而是將每一塊石頭的邊邊角角切割

▲神奇的 12 角石。

▲連一片刀片都無法塞進的印加石牆。

好，去吻合其他石頭，因此每一塊石頭都是不規則的切割狀。

其中一塊石頭大約是我身高的一半，有 12 個角，非常出名；所謂的角，並不是突出來的就叫角，而是凹進去的也算，大約是 90 度的角，親眼看到真的很佩服，石頭與石頭之間的縫隙，連紙片、刀片都插不進去，就這樣徒手建造了大大的石牆，正好一旁有現代人修補過的石牆，但比較起來，古時候的技術還更加精密，好難想像他們花了多少歲月，來完成這件事情。

▲猜得出哪邊是印加時期的牆，哪邊才是現代人之後修補的嗎？答案：左邊是印加時期，右邊是現代的。

▲三窗神殿（傳說中開過君主就是從窗口中冒出的）前面這半塊 6 角石頭叫 Chakana 印加十字，一天中有段時間當陽光從窗口照射下來與石頭所形成的影子，就是完整的 12 角 Chakana 圖形。

▲無法拍照,只好買一張庫斯科大教堂內的畫像明信片留念。

　　走著、走著,我進到了庫斯科大教堂朝聖,裡面地板都是石頭鋪成,有幅耶穌「最後的晚餐」高掛在牆上,很特別的是,畫中耶穌的餐點,為了配合祕魯當地的文化,被畫家將主餐改畫成天竺鼠,還有祕魯的水果,都是當地的料理。

　　除此之外,教堂內還有黑色皮膚的耶穌雕像,人民非常崇拜祂,據說是因為西元 1650 年「祕魯大地震」時,黑色耶穌被釘在十字架上巡迴,不少人認為是耶穌顯靈,才讓地

震很快就停止，至於為什麼是黑色？大多說法是被蠟燭的煙燻黑，但也有人說是為了象徵祕魯人，而被當地人塗黑。

庫斯科大教堂對面是噴水池，佇立著一座雕像，我發現只要跟印加有關的城市就會出現它，雕像上的人是第九代印加皇帝Pachacuti，傳說中，馬丘比丘是他建造的宮殿，也是他避寒的宮殿。

▲由一整塊巨石切割而成的樓梯。

## 失落的印加城市——馬丘比丘（Machu Picchu）

這趟旅程我最期待的就是馬丘比丘（Machu Picchu），它位於安地斯山脈和雨林的交界處，座落在海拔 2,430 公尺的高山上，能夠俯瞰著烏魯班巴河。考古學家發現遺址時，雨林已經爬過馬丘比丘，後來將植物跟樹剷除，才留下了現在我們所能看見的建築，更成為了世界新七大奇蹟之一。

▲祕魯的醫聖神靈 Tumi，有健康、平安的含義。

離開庫斯科市區後，我驅車前往馬丘比丘，先乘坐小轎車到火車站，接著到附近的熱水鎮，睡了一個晚上後，隔天

▲旅館內的牆上，掛著標示各種前往馬丘比丘的方法的地圖。

一大早，便排隊上馬丘比丘看日出。

這段路途，可以選擇走路上山再坐車下來，或者坐車上山再爬下來，不過我覺得難得可以來到這裡，想要在馬丘比丘待久一點、多拍一些照片，因此，我來回都選擇了走路。

記得那天，排隊上山時，人潮非常多，很怕自己進不去，一到入口的拱門時，一直想要往內望，但其實從入口角度看不到馬丘比丘，要讓服務人員檢查完護照後，沿著彎路走，才能漸漸看到古蹟在眼前，每往前踏一步，心理的

▲雖然坐的是第一班車，但馬丘比丘入口還是大排長龍。

期待就多了一些，一步、一步往前，終於馬丘比丘出現在眼前，「這就是我來到這裡的原因啊」！心中無比的讚嘆，古蹟真的非常壯觀，我便迫不及待地趕緊進去參觀。

整個遺蹟約由 140 個建築物組成，按照考古學家的劃分，分成三個部分：神聖區、南邊的通俗區、貴族區（居住區）。這裡還建有超過 100 處階梯，每處階梯通常由一整塊巨大的花崗岩鑿成。

　　建築內設計大量的水池，由石頭製成的溝渠和下水道聯繫，通往原先的灌溉系統，不過至今都還沒有人知道，古人是如何將 20 噸的石頭搬上山的。2014 年時，波蘭和祕魯的考古學家發現，馬丘比丘遺址本身應該是一座大型的精密天文觀測台，建築結構對應相對的天體。

▼爬上太陽門後,鳥瞰馬丘比丘。

　　等待日出時,我發現太陽出來的地方和馬丘比丘的方向不同。應該說,原本我以為,馬丘比丘會伴隨著太陽升起的光芒,漸漸變亮,沒有想到實際到了之後,才發現,這一切只是我的想像,事實並非如此,但還是很漂亮。

　　日出過後,我們跟著導遊一起探訪,途中也問了不少問

題，比如我很好奇這邊海拔這麼高，草是誰剪的？結果他說是草泥馬吃的！因為草泥馬很懶，牠在這裡的唯一用處就是「活著的除草機」。

導遊還開玩笑對我表示，要學西文就應該留下來，再加上我會日文，可以賺很多錢，因為很多日本遊客，同時會日文和西文的導遊很少，我也逗趣回他：「那我留下來住馬丘比丘好了。」他知道我是學西語後，接下來的路途，就一直跟我說西班牙文，再也不跟我說英文了，說是要幫我鍛鍊，我也覺得學語言多練習真的很重要！

導遊表示，現在能夠看見的遺址，只有70％，剩下的30％都還在地底下，還沒被挖出來，已經被挖掘的古蹟中，有75％是原始的遺址，有25％是重建過的。

相傳，當地人在親人過世後，會把大體埋在住家旁邊。導遊講解到一半，忽然就出現了封鎖線，他表示，因為上週在這附近挖出了金飾，所以就有考古學家待在這邊，要繼續研究，這也讓我大開眼界，親眼見證到文物出土的畫面。

印加人建造出日晷，可以觀測氣象，不過我們到的時候，發現它倒了，而且不是因為自然因素，或者是它的年限太久而

倒塌，而是因為西班牙國王在十幾年前，乘坐著直升機，想要來參觀，沒想到卻硬是要停在日晷在的廣場上，於是為了配合它，當地人便砸碎了日晷，導遊說著、說著超生氣，還說考古學家非常想要重建，但因為被破壞了，沒有辦法修復。

　　當地可以看見草泥馬到處跑，但其實牠們原本不住在那邊，有一種說法是，祕魯政府覺得草泥馬跟當地的風景很配，所以移過來這邊，可是其實馬丘比丘高度對牠們來說太低了，不適合生存；另外，一個說法是，阿根廷之前要拍一個廣告，所以把草泥馬帶上來，慢慢地，牠們便開始在此繁衍。

▲和草泥馬一起扮鬼臉。

　　我走在路上時，有

▲旅程中處處充滿趣味和驚奇。

遇到草泥馬，想起在彩虹山時，導遊說，一般的草泥馬很兇，如果人類接近牠的話，會用口水攻擊，身上就會沾滿很臭、很濃的草味，於是我就趕快繞過去。

草泥馬看起來很可愛，但事實上，在導遊眼裡，牠們是很懶惰的動物，爬上山坡時，常常會需要倚靠牠們幫忙搬行李，不過重量如果超過 15 公斤，牠們就會賴在草地上不動，或者索性就坐下，一直吃草。

逛了逛，還有許多時間，我又自己買了一張下山的車票，找到了沒有人的地方，剛好也能夠看到遺址的全貌，這附近還有草泥馬，我便跟蹤牠，偷偷地跟牠拍照，留下了不少紀念性的照片。

一般人都是導遊解說完之後，會去爬瓦納

比丘山，不過單趟路程需要 1.5 小時，來回就得花上 3 小時，斜坡非常陡，難度高也有點危險；由於時間關係，我沒有走這段路，因此我按照導遊建議，去了另外一邊，不用付費的地區，也能夠看到相同的景色。

其實，我很喜歡自己探險找路，去尋覓出不同於他人的景色，大多從明信上看的景色，已經夠多了。一個人開始逛

▲馬丘比丘的日出。

了以後，我發現建築物旁有條小路，都沒有人走，還能從另外的角度可以看見不同的馬丘比丘，是沒有人打擾的祕境之地，讓我也能好好欣賞這塊失落的古城。

　　這個沒有人的祕境，讓我很放鬆，一個人旅行會很想要拍下不同的照片，我發現牆上有個洞口，按照我的身型是可以剛

▲熱水鎮廣場，牌子上寫著「歡迎來到馬丘比丘」。

▲我和小小國旗自拍。

剛好被卡住，於是我帶著背包，手拿著自拍棒，鑽出去和遺址合照，我還帶著一張小小的台灣國旗，頂在頭上，和它自拍。

▲熱水鎮一處建馬丘比丘的 Pachacutec 印加帝國君主，而他身邊的動物禿鷹，美洲獅，蛇分別代表著印加神話中的天空，人，和大地。

## 的的喀喀湖（Lake Titicaca）

從馬丘比丘下來後，約莫晚上 11 點半，我坐上大巴，過了 6 個多小時，凌晨抵達的的喀喀湖，也是南美洲之旅的最後一站。這裡是南美洲最大的淡水湖泊，海拔高 3,812 米，是世界上海拔最高、大船可航行的高山湖泊。

吃過早餐後，導遊帶著我們坐船到湖中的漂浮小島——烏羅斯浮島，是當地原住民採用蘆葦草編成的，湖面上一共有 50 多個人工浮島，大部分都有人居住，最大的島嶼就是的的喀喀島，島上有印加時代的神廟遺址，也是印第安人的聖湖。

▶在普諾時的海拔，已經和玉山一樣高了，但當我們氣喘吁吁時，當地的居民在這裡卻還是健步如飛，輕輕鬆鬆地過著他們的日常生活。

蘆葦島的厚度大約有 1.5 公尺，特別的是，底部會腐爛，所以婦女們會一直在島的平面鋪上新的草，以免沉沒，湖上大約住著七百多人，有些島只有 5、6 坪大小，有些則可以容納

上百人。一塊島，就是一個家或聚落，大島上還設有學校和教堂，居民們蒐集蘆葦草的方式，是透過划槳和小船，將島上的漂浮物撈起來，或者是採集湖上長出的草。

▲蘆葦船上的船夫。

▼蘆葦船是的的喀喀湖的特色。

　　原住民們的吃、喝、拉、撒、睡，就全在漂浮島上，有時白天會在東側，一覺醒來便在西側，不過現在他們也可以選擇用錨將島固定在湖床。

　　島上婦女們大多穿著澎澎長裙，顏色有亮黃色、亮粉色、淺藍色，非常鮮豔，還會戴上帽子，許多工作都是婦女們在做，像是接待遊客、編織及販售各種藝品、做家事、帶孩

▲當地人示範如何搭造漂浮的蘆葦島。

▲可食用的蘆葦（口感像沒味道的脆海綿）。

子……等等,因此,她們非常忙碌。

　　途中我遇見一位日本女孩,她不太會講西班牙文,而我會一點點日文,覺得自己可以幫忙翻譯,便主動和她搭話,想要跟她一起行動,但我日文退步太多,只好英文和日文交雜,努力表達自己的意思,其實這樣是很有趣的,因為只要善意對待別人,對方也會用相同的態度回應你。

▲在的的喀喀湖 Lago Titicaca 上的漂浮蘆葦草島 Islas Uros。

▲的的喀喀湖上的 La Taquile Isla 塔吉利島上的石拱門。

　　我覺得這件事情很重要，只要主動一點，就能獲得更多的不同。那天，記得我們很好奇當地人要怎麼上廁所，後來觀察了一下，應該就是直接排泄到湖裡！

　　而因為當地人煮飯時，會徒手在島上生火，但是蘆葦草是易燃物，我們都很怕，一不小心就燒了起來。

　　湖的分界有一半是祕魯，另外一半則是玻利維亞，原本當地人並沒有太清楚的界定，但有一天政府強制劃定界線，規定原住民必須要選一個國家，如果你選擇當祕魯人，就不得跨到玻利維亞的湖，而兩者其實沒有明確的分界，真好奇他們要怎麼避免？

　　的的喀喀島上，有許多石頭拱門，也是印加時期留下來的古蹟，湛藍的天倒映在湖面上，是非常漂亮又壯觀的景色，原本我想要坐船去對岸的玻利維亞探訪，不過礙於簽證的問題，所以就打消念頭。

這是我在南美洲的最後一趟旅程，我在這 57 天之中，遇見了各式各樣的志工和志同道合的朋友，從北到南，深度認識了祕魯，這段經歷很特別，也很難忘，已經不知道用什麼字來形容這個奇妙的暑假了。

## 最珍貴情誼：和 Nathalie 的分別日
### ——她忍著發燒、嘔吐，說什麼都要見到我

除了馬丘比丘和之後的行程，大多數我都是和 Nathalie 一起行動的，覺得遇到她真的很幸運，雖然我們分別來自歐洲和亞洲，難免有點文化觀念上的不同，但在個性上和興趣上都很契合，也很相像。

像是我們很喜歡嘗試新鮮的事物，所以偶爾我們在市區發現當地的市集，就會湊過去瞧瞧，每個沒看過的水果，都會各買兩個回去一起吃，一起分享；在亞馬遜時，趁著傍晚也逛了當地的市集，一起坐在路邊吃路邊攤，還有意外發現了博物館，碰巧她也很喜歡歷史文物，我們便一起進去參觀。

旅途中有很多、很多的巧合，有了 Nathalie 在一旁，我才

能有更多勇氣和機會去嘗試不同的事情，也才能夠在綠洲沙漠時一起和兩位當地的朋友去酒莊、用便宜的價錢住在庫斯科的志工之家，還有嘗試許多，我一個人不敢去做的事。

　　這幾週相處下來，我們培養出了很深厚的感情。在我出發去馬丘比丘前的白天，是我們最後一次有機會在祕魯見面，於是她和我約定，一定要再見到面。

　　可是到了當天，她忽然身體不舒服，不知道是不是吃壞肚子？她不停地咳嗽、拉肚子，貌似沒有辦法出門，但是她還是非常堅持要出來見面，讓我很不好意思，可是真的是最後一次了，如果沒見到面，下次見面，不知道會在何時？！

▲只是想和猴子自拍而已……結果牠把手塞到我嘴巴裡，尾巴還纏著Nathalie的脖子。

▲我與Nathalie找猴子小姐一起自拍。

　　就這樣，她堅持到了下午，身體狀況稍微好轉了以後，便和我約在市區，因為早上有時間，我先逛過附近的市集，一個人吃了天竺鼠做的料理，等到見到 Nathalie 時，市場已經打烊了，沒有辦法再一起逛逛，買了一條延長線後，她的身體又開始不舒服，再加上已經天黑了，我也該出發前往下一站……。

　　Nathalie 抱著病痛堅持要出門見到我，讓我覺得很感動，雖然那天相處的時間很少，也不是故意的，但她卻把錯怪在自己身上說「明明最後一天了，可是因為她不舒服，所以我們沒辦法好好玩」，可是真的不是這樣。

　　道別前，Nathalie 拿出一條紅白相間的手繩，樣式很簡單，就是用紅色和白色的塑料粗繩，互相交纏在一起綁住的手環，她說，這是祕魯國旗的顏色，但剛好也是瑞士國旗的顏色，雖然那只是一條很普通的繩子，卻充滿了暖暖的心意。

　　回想起來，在祕魯的旅程裡，幾乎都是 Nathalie 和我一起行動，一起出遠門、一起在亞馬遜河中游泳、一起挖掘、分享市場裡新鮮的水果和不知名的食物、提著大包小包的戰利品，回到志工之家大肆聊天，每一次都覺得很放鬆。

　　有時我們坐下來談談心事，有時大膽地走在路上，前往

未知的地方逛街，看到稀奇的店或者當地的博物館就直接進去參觀，一切都是這麼隨意又契合，沒有誰屈就誰，全是我們都很想去做的事情，真的很開心。

　　過程中她不斷鼓勵我、給我勇氣，說我可以多練習說西班牙文，不該總是將練習西語的機會放過；因為有了她，這趟旅程才這麼豐富、難忘，如果沒有遇見她，真的就不會這麼好玩了，相信她也是這麼覺得，雖然這次匆匆分開，但我相信，這是為了未來再相遇，而留下的遺憾。

▼我送給 Nathalie 的手繪明信片。

## 野人生活：不多嘗試，就可惜了飛這麼遠

整趟旅程，我吃了許多台灣吃不到的食物，記得到達的第一天，有一個 Food Tour，能夠在市中心走路，導遊會帶著遊客看當地的食物，在祕魯當地有很多類似的行程，都可以付費參加。

記得那天，我們到了一個果汁攤，菜單密密麻麻，老闆告訴我，只要我告訴他，想要治療什麼症狀，他就能調配出適合的飲料，那時我的喉嚨有點痛，於是我便想要試試看，老闆就用蔬果、青草打成汁，有非常、非常濃厚的青草味，用症狀點飲料，還是我第一次碰到！

後來我們逛到市場內有賣乾貨的地方，Nathalie 買了超大一袋的藜麥，我好奇問怎麼需要這麼多？她興奮地表示，藜麥是「Super Food」，對身體很好，她們會用來拌沙拉或者果汁一起吃，在志工之家也有喝到，後來我也跟著扛了 5、6 公斤回台灣。

當地的玉米料理也非常著名，這邊的玉米粒非常大，比我們一般常見的玉米大上 2、3 倍，當地人會打成玉米泥，包

上雞肉，放進烤箱，味道還不錯。

　　紫玉米汁更是祕魯的國飲，是用紫色的玉米、鳳梨、肉桂、丁香等等香料熬成的，味道甜甜的，還帶有淡淡的肉桂香料和玉米味，幾乎每個祕魯菜的餐廳都有供應，我還滿喜歡的。

　　另外，我們還參觀了巧克力博物館，因為祕魯出產非常多的巧克力，在博物館可以看到製作過程，一整天的食物行程，非常豐富，也吃到了不少東西！

▲利馬路邊賣糕點的小攤販（約新台幣
　15～30元），便宜又好吃。

▲用症狀點飲料的神奇果汁攤。

## 四肢清晰可見的天竺鼠料理

在庫斯科時，我到了導遊口中星期天才有的食物展覽，一個人吃了「天竺鼠」，我把照片發給媽媽的時候，她非常驚嚇！而且從中還可以清楚看到天竺鼠的四肢，上頭淋上咖啡色的醬汁，簡直把她嚇壞了！我爸爸一早起床看到，也傳給我了一個很驚悚的表情符號。

可能有許多人會不敢嘗試新奇的食物，可是我覺得，既然都來了，就試試看，也許不會再有第二次機會了，如果沒有把握住，那豈不是很可惜？

▲與坐在旁邊一起享用天竺鼠的阿婆拍照。

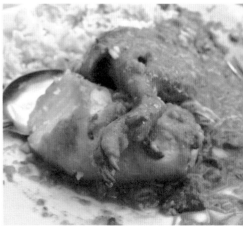

▲燉天竺鼠（還可以看得到爪子！）吃起來像嫩雞肉。

其實天竺鼠肉滿好吃的，吃起來跟雞肉很像，餐點來之後，我就趕快拍照記錄，這時候我旁邊的阿婆就疑惑地抬頭看看我，覺得我的行為很奇怪，我便解釋台灣不吃天竺鼠，只會當作寵物；後來，我瞥見她的天竺鼠料理和我的不太一樣，便問她吃了什麼？她索性就拔了一小塊肉給我，我直接拿過來吃，但後來回想起來，發現她整頓飯都是用手直接吃的……。

## 皮還黏在身上的鱷魚

用食指和拇指抓著鱷魚的小腳，這應該是我人生唯一一次吃鱷魚，吃起來有點像魚肉、豬肉的混合體，好吃又有嚼勁，上面還塗滿香料，就像烤豬排一般。

▲這是鱷魚的腳趾，大腿已在我肚子裡啦！

我到的地方是碼頭附近的市場，這裡販賣祕魯非常道地的食物，除了鱷魚之外，攤位上擺著一鍋又一鍋深紅色的湯，一問之下，才知

▲烤香蕉，吃起來味道不錯。　▲除了烤鱷魚，仔細看還會發現龜殼湯。　▲河邊港口攤販的烤鱷魚腳。

道是龜殼湯；可惜當地人不吃食人魚，因為刺很多，所以也不賣，不然我就可以多嘗試一樣稀奇的食物了。

## 肥蟲：從頭咬起，舌頭瞬間麻痺！

　　白白胖胖的大蟲子，一個一個被串在竹籤上，透過火烤以後，外皮變得焦黃、清脆，吃起來的味道就像是雞肉，口感也是，不過裡面會有糊糊的汁和油，咬一口，會滴下來。

▲正在泡澡洗乾淨的棕櫚樹蟲 Suri，準備
　等下要碳烤。

▲別看我的表情，其實 Suri 蠻好吃的，
　有脆脆的烤雞肉口感！

　　我在亞馬遜時，嚐到了這道料理——蟲子的頭，當地人有
的會吃，有的不會吃，我們遇到的第一個導遊說可以吃，所以
我一口就將整個蟲子咬進嘴哩，雖然沒什麼味道，但蟲頭上面
還有毛，讓我覺得有點可怕，這是我覺得最難吃的部位。

　　另外一位志工咬下去，身體就開始起疹子，原本吃到蟲
體時沒有什麼大礙，結果舌頭一接觸到蟲頭，就開始發麻，
後來遇到的導遊告訴我們，蟲頭裡面最多細菌，也不是很衛
生，容易過敏，所以不應該吃。

## 種類多樣的馬鈴薯

聯合國糧農組織 2005 年在祕魯召開「馬鈴薯國際會議」，訂定 2008 年為「國際馬鈴薯年」，將馬鈴薯視為未來糧食和解決饑荒的救星，因為種植方法簡單，在某些國家甚至被稱為「神賜給窮人的禮物」。

▼來到這裡之前，我從來都不知道馬鈴薯有那麼多種類。

　　馬鈴薯的種類多達 5,000 種，在祕魯就能吃到 3,000 種，還記得我們在瓦卡奇納沙漠，被邀請去一起烤肉時，他們有道水煮一種小顆的黃色馬鈴薯料理，沾上黃色的辣椒醬，很好吃，醬料內還有起司在裡面，搭起來超可口。

　　但不是每種馬鈴薯都很對味，有一種馬鈴薯的味道就不是那麼好吃，外觀非常小，顏色是黃色和紅色相間，當地人會將它切成細細的長條，和肉一起熬煮，吃起來的味道有一點土味，煮完後的外觀有點像是榨菜，口感比較脆。

▲風乾的白色馬鈴薯 Chuño。

# Part 4

# 尾聲

跨越 18,300 公里，
旅程的結束，
有滿滿的回憶，
更有滿滿的感謝……。

## 19 歲，是個什麼樣的年紀，該是什麼樣子？

短短 57 天，可以擁有什麼？獲得什麼？其實這段期間，身邊的朋友和親戚都很擔心一個 19 歲的女生跑到中南美洲，會不會很危險，或者是問我：「你爸媽放心嗎？」、「你不會怕嗎？」還有熱心的阿姨，怕我危險，於是幫忙聯絡住在利馬的長輩，想要就近照顧我、請我吃飯，給予我適當的協助，這些我都很感謝，也知道自己可以無所顧忌地出國，更是人生的積累而來。

但不知道是不是自己膽子太大或者是好奇心太重？我想靠自己，努力探索南美洲真正的模樣，因為過去都只在書上看過利馬的貧民窟和馬丘比丘，能夠親自體驗、親眼所見，總覺得有種「穿越」的感覺，而這樣的情緒難以具體形容，真的很不可思議，那樣的感覺就好比是，原來我在台灣上學或者過著平常生活時，世界另外一端的人，都在做這些事，沒有自己去過，是沒辦法了解的。

雖然一開始，住在 Home Stay 有點寂寞，因為那時只有一個人是和我一樣，參加教學計畫的志工，其他的人是參加

照顧計畫，負責照顧老人或小孩，不僅休息時間不一樣，連興趣也不太相同，剛開始的幾天，我有點後悔，自己怎麼沒有找朋友來，都沒有人可以聊天……。

但後來轉了一個念，覺得自己來到當地就是要多認識不同的人，拓展自己的視野，於是後來我主動地去認識其他和我一樣來教英文的志工，雖然他們和我住

的地方不一樣，但是至少興趣相同，比較有話聊，漸漸地，也和他們一起出門去玩，心情也好多了，有人陪伴能夠分享，真的很重要。

不少人也關心當地治安的問題，在我到祕魯之前，同學就露出非常驚訝的表情，說著「南美洲很亂」，或者也常常從媒體上看見槍枝流竄、黑道械鬥的新聞。

但那一陣子，我自己一個人從寄宿家庭到大賣場買東西，在路上晃了一個多小時，再走回家，都沒有遇到什麼特別可怕的事情，很平靜，也不需害怕，很多、很多事情，都是我們所幻想的，真實的情況，完全不一樣；而其實祕魯的情況可能也比巴西好，我聽巴西人說在那邊，走在路上，很可能會被槍抵著頭搶劫。

除此之外，我還認識一個法國志工，她自己在南美洲旅遊了 4 個月，完全沒發生不好的事情，但她也聽過不少，像是包包放下去買票，回來就不見的事情，或者旅館裡有人開門，偷走東西，還有到機場時，發現 Homestay 的室友包包裡，有自己的鞋子。

但像這些情況都是在旅行中或著出門都有可能會發生的

事情，並不是只有在南美洲才會發生，我們彼此討論過後，都覺得不管在哪裡，都要「Travel Smart」；很簡單的概念，就是貴重物品不離身，包包往身體前面背、東西上鎖。但如果選擇晚上獨自出門，就真的完全不聰明，隨時學會保護自己，才能夠讓家人放心，這也是自己該負起的責任。

　　我從來沒有到過像祕魯這樣的國家，更覺得人生不會有很多次機會來到這邊，整趟旅程下來，我沒有太多規劃。

　　不過想要到祕魯來旅遊，在觀光區說英文或者比手劃腳是可以順利抵達想要去的地方，因為那裡可能也會有觀光志工可以諮詢，但一旦遠離經濟區，就比較困難，因為許多祕魯人比較害羞，如果不會講西班牙文，其實他們不敢多溝通或者和你講話，畢竟他們也會感到陌生。

　　我覺得參加志工活動，可以透過計劃到平常人不會接觸到的人、事、物，能夠有很多機會，深度了解當地的文化和小細節，更能從已在當地旅遊過、生活過的志工口中而知，那不是僅僅透過網路或者書籍，就能輕易了解的事情，這是我覺得很珍貴的地方。

　　這次的志工計畫給了我很多啟發，過去想到志工會覺得是無私奉獻，但其實也能去想成是一種深度旅遊，可以去探討當地文化、歷史，並融入生活；因為如果只是純粹到祕魯旅遊，絕對不會去到像貧民窟那些當地人真實生活的環境，就只能被蒙蔽在資本主義打造下的世界，便很可惜。商業區的地方，其實都被過度包裝過，學生們也會告訴我，不能只有單純在利馬市區，一定要到偏遠的山區，才會是真的祕魯。

## 爸媽辛苦付出，成就了現在的我

　　這段旅途讓我也體會到，自己真的很幸運，擁有很多，也被照顧很多，充滿了滿滿的感謝；我是家中的長女，有兩個妹妹，我們的爸、媽過去都在同一家補習班工作，在我兩歲時，爸爸被外派到上海，當時我和媽媽便跟著一起過去，後來他們在當地自行創業，爸爸成立了海外留遊學的相關公司，媽媽則是開起了安親班。

　　爸爸是偏向理性分析的人，會用全觀的面向，告訴我們看事情的方法，並且幫助我們處理事情，如果我們在情緒上，就會等到我們心情穩定之後，再開始逐一分析事情，讓我們知道人生可以有很多選擇，不管是哪個方案，只要決定了就努力，只要堅持，就可以成為自己想成為的人。

　　媽媽則是比較感性的人，她常常在社群媒體上，分享家中的事情，記錄我們家三個姊妹的成長過程，非常細心，很關心我們，讓我們都能夠很開心地跟她分享事情，因為她總是會記得我們說過的話，並且把我們的事情，擺在第一。

　　其實我聽過，很多家庭不會彼此分享自己生活中發生的

事，或是說坐在一起的時候，會一直使用手機、低頭不說話，甚至是不知道要跟長輩說些什麼；但在我們家是會把自己在學校遇到的事情，不論是有趣的、開心的或難過的事，告訴對方，每天在餐桌上都會吵吵鬧鬧的，爭相搶著說話；很多事情我們會 5 個人一起討論決定，爸、媽則希望我們能夠為自己的決定負責，不會給予太大的逼迫，認為「結果不好沒關係，努力過就好了」！

小學時，我就讀上海的國際小學，同學大多和我一樣是台灣人，因為上課時全程使用英文，便訓練了我的外文能力，也讓我從小就培養出看外文書的習慣和興趣。

國中時，我就讀當地的國中，高中則就讀上海台商子女學校，媽媽雖然是家長會會長，在學校大家都略知一二，但我們並不會因此覺得自己很特別，反而是更努力深化自己，有時候也會到各地旅遊，去親眼看看世界，而不是用刻板印象的價值觀，去看待事情，這也訓練出了我獨立思考的能力。

我身邊的同學和朋友，大多都是台灣人，所以就算我從兩歲起，只有暑假在台灣生活，但我還是認為台灣才是我的家，直到前年，要讀大學時，才真正回到台灣。

曾惠真macoto工

#跟著太陽看世界#TUNA仙人掌果，祕魯特有的水果之一，它有三種顏色，太陽寶貝嘗試了紅色及黃色的TUNA,據說生長期十分漫長，四年才能成熟採收，富抗氧化劑維生素B1…可以防止皮膚乾燥，減少皺紋………天啊😱😱多吃些吧！Sunny!

2016年7月23日 下午7:02　刪除

曾惠真macoto工

#太陽的利馬日記#剛剛睜開眼看見微信群裏，在南美洲進入第3週的Sunny寫了一百多條的信息～～很多朋友都說：父母要有多強大的心臟，才能讓一個不到20歲的女孩子隻身跑去那麼遠的地方，今天看了她分享的小小心得：～～@我是到LA機場轉機坐在那裡發呆的時候才驚覺 欸對耶！我要去秘魯了耶！我為什麼要選一個那麼遠的地方～膽子大？好奇心比較重。好奇南美洲到底是怎樣的，都只在書上看過利馬的貧民窟、馬丘比丘，可以看到真的東西就像穿越的感覺？🤔🤔@旅行不論在哪裡除了自身安全照顧最重要還要「travel smart」！看到我的太陽寫了這二段話，我知道，我放手是對的！

2016年8月2日 上午8:10　刪除

曾惠真macoto工

#太陽亞馬遜探險記#二天沒有任何文字訊息，馬麻的心臟已經擔心到快停了😫，早上傳來一堆photo bomb,這才安心許多🖤！進入亞馬遜地區吃蟲，餵食鱷魚、食人魚😰😰，還有那些原始部落女人的合影🙈🙈………我的Sunny妳真的太令人佩服了！💪

2016年8月14日 上午8:24　刪除

■媽媽的微信朋友圈。

　　我覺得自己是很獨立的人，剛上大學時，我一個人從上
海回到台灣，但身邊的同學，幾乎都是第一次離開家，可能
他們太多依賴自己的父母，導致已經成年後，才開始體驗害
怕、獨立的感覺，不知道如何打理生活？也不知道很多大大
小小的行政事宜要怎麼處理？不知道怎麼面對寂寞和挫折？
但其實他們手中所謂的家，有的時候只是新竹到台北的距離，
坐高鐵只要 40 分鐘左右，要跟家人見面，還是很容易的。因
為分別這件事，我從小就經歷很多了，所以，在我看起來，
同學們的煩惱，是很容易可以克服的。

# 後記

　　謝謝您看完這本書，和我一起分享我的冒險旅程，如果，您也想像我一樣，讓自己的人生擁有一些不同的體驗，或許可以參考下面的資訊，希望對勇敢追夢的您能有所幫助，也祝福大家築夢踏實、心想事成！

## 如何搜尋國際志工資料？

　　一開始的時候，我也不知道有什麼國際志工的具體機構？所以就直接在 Google 上面打「志工機構」去搜尋。

結果，就有很多資訊跑出來，也有很多類似這種排名的
網站：

https://www.volunteerforever.com/article_post/2016-best-
volunteer-abroad-programs-organizations-projects

這裡面有十幾個網站，我會點進去他們的官網，看看是
不是我想要的類型？以下是我給自己的選擇設定的條件——

## 1. 能真正貼近當地生活：

很多時候，可以看到有些組織性的帶團出去服務的機構，
不過，我認為那種對我來說，沒有很大的意義，沒辦法真正認
識到不同國家的人，而且對學習語言來說，也沒太大的幫助。

## 2. 西班牙語系的國家：

因為我自己學西語，所以想要利用這次機會好好練習。

## 3. 價錢要合理：

他們每一個機構的價錢真的差異很大，我覺得有一些可能是因為名氣大了，就提高價錢，或者是有些就是志工住得很好的那種，感覺是去度假，順便去參觀幼兒院的感覺；可是，又有些便宜到很奇怪；所以，我覺得要先認真地去了解比較重要。

**Global Vision International (GVI)**

Founded in 1997 by Richard Walton, Global Vision International (GVI) is an award-winning organisation that provides volunteer and internship opportunities in Africa, Asia, Australasia, Europe, Latin America, and North America. GVI has sent more than **25,000 volunteers** overseas on programs ranging from construction, to animal care, to education, and beyond with **95% of past volunteers** stating they would want to travel again with them again. GVI is unique from other volunteer programs in three ways: they operate their own volunteer projects to ensure real, sustainable impact on the ground; they provide 360 degree support before, during, after your placement; and lastly their alumni network provides increased access to higher education and career development opportunities. GVI's differentiators and their emphasis on volunteer safety make the program very appealing to first-time international volunteers and teen / high school / under age 18 volunteers. Their projects start from one week and can last up to one year. Projects mix community service with global and cultural awareness to inspire and encourage volunteers to continue learning and serving even after they've returned from their trip.

## 4. 國際性的組織：

志工組織要是國際性的，而且要自己前往的。

**International Volunteer HQ (IVHQ)**

Founded in 2007 by Dan Radcliffe, International Volunteer Headquarters offers over 150 affordable volunteer trips to 26 countries in Africa, Asia, Europe, and Latin America. IVHQ has placed more than 65,000 volunteers overseas on projects ranging from teaching, to healthcare, to childcare, and more. Programs can run week to 24 weeks and start on fixed. Given the affordability of IVHQ's programs, volunteers could very well volunteer abroad for free by fundraising or Volunteer Forever and applying for our volunteer abroad scholarship.

**IVHQ OPPORTUNITIES TO CHECK OUT**

Maximo English or French Teaching

Volunteers on this program help support underprivileged children by teaching English, French, or information technology—marketable skills that will allow them to build careers later. Tasks may include running workshops, assisting local teachers, organizing educational games and activities, and helping out at summer camps. This program starts from one week at $190.

Kenya HIV/AIDS Program

**Maximo Nivel**

Maximo Nivel is Volunteer Forever's top-ranked program with over 120 reviews and a 5-star rating. Their programs are very affordably priced, starting at just $190 (for one week) and appeal to a broad base of participants from high school students to graduate students and working professionals. Maximo Nivel was founded in 2003 and has hosted over 25,000 participants for its volunteer abroad, internship abroad, study abroad, Spanish Immersion, Teach English as a Foreign Language (TEFL), Semester Abroad, and High School Abroad programs. Maximo Nivel offers its projects in three countries in Latin America (Costa Rica, Guatemala, and Peru). Why choose to

　　網站點進去看後，如果你覺得這個機構不錯的話，建議你可以再去找找關於這個機構的資料。例如：我那個時候找到 IVHQ，我就會再 Google 一下 "reviews about IVHQ"、"Is IVHQ good ？" 之類的資料。但也要記得每個機構都有人喜歡、有人不喜歡，一定找不到任何一個機構是所有人都讚不絕口的，一定還是有人會有批評的聲音。但我覺得如果大部分都是稱讚，並且說在當志工時有個好經驗的話，我認為就是不錯的了。

　　我覺得要先知道自己大概是想要什麼樣的志工體驗？自己的方向確定了，網上有很多資訊可供參考。要有一些基本的目標，然後一邊找、一邊了解，再選比較好。

　　例如：想要練習語言＝外國人多的、提供個不同語系國家很多？想要比較輕鬆的？或是比較有挑戰性的？價錢？……等等。

## 非常激勵的幾句話

　　在高三最後一堂英文課時，英文老師 Pauline 送給我們的句子，我覺得很喜歡，而這些美好的英文句子，也在旅途中

伴我走過，並且激勵我，給我更多的勇氣！因此，我也特別

在書中提出來和讀者們分享——

1. Your created for a purpose,find out what it is.

　你來到這個世界上是有一個目的的，找出這個目的。

2. Make all your decisions based on passion & interest in

　that they will help guide you throgh rough times.

　你所有的抉擇都應該是以你所熱愛的與有興趣的為基礎，

　這樣他們才能在你面對困難的時候引導你。

3.Live in the moment. You are not promised tomorrow.
Cherish what you have,and be nite to others.

活在當下，明天會是個未知數。珍惜你所擁有的，也要記得善待他人。

4. Zhe question is how to be,and how not to be.

問題應該是如何生存與如何不毀滅。（這出自於莎士比亞的「哈姆雷特」，本來是「生存還是毀滅？這才是問題」。）

## 父母的話

「在國內學習的時候，老師總是教我們為什麼？到了加拿大後，發現老師都是反過來問我們為什麼？這裡和學校有很大的不同，會讓我們一直要動腦筋、不斷去激發想像力……」。曾經，一位參加暑期夏令營的孩子在回國後寫下這些感想。而這不僅是我們想教育自己孩子的想法，也是我們一直在工作上努力的方向！

從帶著 2 歲的 Sunny 離開台北移居上海，到變成 3 個寶貝 5 個人的家庭，我們一直住在這個有「十里洋場」之稱的大上海。

因為從事補教業的關係，約 10 年前，我們把業務拓展到海外夏令營營隊，也因為這樣，Sunny 在小學階段就接觸了國

際營隊，在她的身上，我們知道教養孩子，就是要給孩子更大的天空、更多的視野。

　　真正出門接觸、看過、走過、實際交流過，無形中訓練出她的獨立個性。也許這樣的想法在一般的家長眼裡有些大膽，甚至有些危險，但是在 Sunny 一次次的單飛之後，我們深刻地了解「唯有父母的信任，才能成就孩子的勇敢」！期間的確經過許多的擔心及掛念，但是我們一直不斷告訴自己──孩子，你一定可以的！

　　而事實證明，經過一次次的磨練，他們就這樣在爸爸、媽媽愛的信念中，成長了。

　　經過這次 18,300 公里的歷程後，我們不知道下一次這孩子還會有什麼樣的計畫、什麼樣的旅程等著她？但是，作為父母的我們，知道這個世界還很大，還有許多未知的知識待她去探索、許多珍貴的友誼待她去建立，飛吧！寶貝！

〔附錄〕

# 給年輕人的話

年輕無限！我們邀請並集結了許多好友們對年輕朋友的話語，希望帶給大家滿滿的正面思考的力量！

Dare to dream! Whenever you are at a crossroad, always remember where you begin and where your passions persist.

—— 104 人力銀行大陸區總經理 Danny Tang

---

「人生，想太多，只會失去更多！」出自 19 歲的人生體悟，我驚豔作者無懼的年代。

這本書充滿夢幻理想，勇敢跨越和足旅閱讀，如果你也有這道憧憬，那麼《無懼的 19 歲》正是為你而寫，也一樣證明「我比自己想的還勇敢」！

——上海台商子女學校校長　黃棋楓

---

善用青春光陰，「認識自己，了解世界」，讓生活閱歷有了廣度後，看到的世界變大了，心才能更加寬容，接受人與人的不同，尊重差異，進而創建和諧的團隊。讓生命終將能完整地在一段愉快並充實的旅程。

—— mario cafe 瑪利歐樂活輕食連鎖咖啡館創辦人　洪束華

　　人生總會有挫折、沮喪，但，愛是最棒的養分，它讓你足夠勇敢去做你想做的，想好了，就出發！天塌下來，就當被子蓋！

　　未來如果面對沒有做過的事，就保持開放的心胸勇敢前行，因為你有探索的自由！

　　親愛的孩子，享受你的人生，出發吧！

—— 北京環球七福廣告有限公司總經理，

「城市悦動心」節目主持人 李悅心

---

　　夢想都是美滿、豐富的，但是不付諸行動，也只剩下蒼白、無力的空想。坐而言，不若起而行，「只要勇敢的跨出一步，世界就會有所不同」。

—— 大腦地圖少兒英語執行長　Rick 李若鵬

---

希望我們：

做一把木槌，敲下剛正的聲響；

成一本好書，分享雋永的文采；

如一池清泉，解眾人之渴、洗滌心靈塵埃；

然後——勇往直前！

—— Point Great CEO Michael

---

　　走出去，你會發現真我，無論我們的真我隱藏得有多深，脫離了你依賴的環境和人，你會更看清你自己。

—— EET & HAO 中國語中心總經理　錢怡

Before you settle down for a permanent job, explore the world, live in a different country, learn a new language, study in a different city, try new food, participate in other cultures because there are so many opportunities around the world so use your amazing energy and curiosity to follow your dreams so you will not regret anything when the sun sets.

—— Wynchemna CEO Roland

豐富的歷練是人生最值錢的資本，用心、用情、用愛去經歷過程，祝福成功。

—— 上海台協連鎖工委會執行長　蘇正賢

自己的成功，自己定義，只要你——善用天賦、充滿熱情、把握機會、持之以恆！

—— 華東台商子女學校校長　王先念

想要拿到自己人生邁向成功的主導權，最重要的兩把鑰匙是——控制情緒與慾望。

—— 三之三國際文教機構董事長　吳文宗

參與世界、懷抱熱情、讓愛遠播，期待你（妳）成為現代青年榜，留下精彩人生！

—— 台商週報社長　楊文山

對人們微笑，對狗兒微笑，對小花微笑，對陽光微笑；選擇善良，保持初心。

—— 1881TPWS 上海台灣職業女性聯誼會會長　楊妍蓁

擁抱自己夢想的天空，努力付出，勇敢追尋，為年輕留下繽紛色彩。

—— 元祖董事長秘書　莊子坊

年輕人就是要充滿自信與快樂的表現，因為勇氣可以鼓勵人更加勇敢追逐自己的夢想，勇猛最美！

—— otto2 藝術美學創辦人　詹秀葳

用勇氣為生命添加色彩，用熱情為生活留下回憶！致無懼的青春！

—— 荔堡企業管理顧問有限公司執行長　曾瑩玥

用開放的心，迎接寬廣的未來。只要在路上，就能建構屬於自己的未來！

——震旦雲（上海）科技有限公司總經理　曾元起

有夢想，多困難都是甜蜜的負擔；沒目標，多安逸都是看不到未來的重覆。

—— TOEIC 托業考試中心 CEO　張旭

國家圖書館出版品預行編目資料

無懼的19歲：跨越18,300公里追逐異夢 / 高祐晴著.
-- 初版. -- 台北市：商訊文化, 2017.03
　　　面；　　公分. --（Learning系列；YS00206）
ISBN　978-986-5812-59-1（平裝）


1. 遊記　2. 志工　3. 祕魯


758.29　　　　　　　　　　　　　　　106002999

商訊文化
Learning 系列　YS00206

# 無懼的 19 歲——跨越 18,300 公里追逐異夢

作　　者／高祐晴
出版總監／張慧玲
編製統籌／翁雅蓁
責任編輯／翁雅蓁
文字整理／楊雅琳
封面設計／曹雲淇
內頁設計／王麗鈴
內頁插畫／高祐晴
校　　對／唐正陽、吳錦珠、曾惠真

出 版 者／商訊文化事業股份有限公司
董 事 長／李玉生
總 經 理／李振華
行銷總監／羅正業
地　　址／台北市萬華區艋舺大道 303 號 5 樓
發行專線／02-2308-7111#5607
傳　　真／02-2308-4608

總 經 銷／時報文化出版企業股份有限公司
地　　址／桃園縣龜山鄉萬壽路二段 351 號
電　　話／02-2306-6842
讀者服務專線／0800-231-705
時報悅讀網／http://www.readingtimes.com.tw
印　　刷／宗祐印刷有限公司

出版日期／2017 年 3 月　初版一刷
定價：250 元